Kurt Tepperwein

Lebenskünstler leben leichte

Kurt Tepperwein

Lebenskünstler leben leichter

SILBERSCHNUR

ISBN 3-89845-092-9

1. Auflage 2005

Gestaltng & Satz: XPresentation, Boppard
Druck: Finidr, s.r.o. Cesky Tesin

Verlag »Die Silberschnur« GmbH | Steinstraße 1 | D-56593 Güllesheim

www.silberschnur.de
e-mail: info@silberschnur.de

Inhaltsverzeichnis

Prolog

Früher oder später stehen wir alle vor der Aufgabe, wirklich zu leben – und wir müssen feststellen, dass uns das niemand beigebracht hat. In der Schule haben wir Lesen, Schreiben und Rechnen gelernt. Wir haben gelernt, welche Schlachten Alexander der Große geschlagen hat, wie viele Einwohner New York hat und wie lang der Nil ist, also alles Dinge, die man später im Leben nicht unbedingt braucht. Was wir aber nicht gelernt haben, ist das elementare Wissen darüber, wie man seinen Körper gesund erhält, wie man den richtigen Beruf und später vom Beruf zur Berufung findet, wie man den richtigen Partner wählt und mit ihm glücklich wird oder auch wie man das Alleinsein meistert. Wir haben ebenfalls nicht gelernt wie man seine Probleme löst, Krisen meistert, sich seine Wünsche erfüllt oder seine Ziele sicher erreicht. Wir wissen nicht, wie man Erfolg hat im Leben, wie man sein Leben bewusst gestaltet, auch im Alter jung und vital bleibt, wie man zu sich selbst findet und ein wirklich erfülltes Leben lebt.

Das alles haben wir in der Schule nicht gelernt. Auf das, was Leben wirklich ausmacht, wurden wir demnach überhaupt nicht vorbereitet. So schlittern viele über Misserfolge und Schicksalsschläge in eine Krise und glauben, Leben müsse so sein. Dabei könnten sie vom Leben wirklich alles haben, wenn sie das Gesetz von Ursache und Wirkung beachten würden, wenn sie anfingen, ihr Leben wirklich zu führen und mit der Zeit Meister würden, in der Kunst zu leben. Denn das Leben ist einfach zu wichtig, um es dem Zufall zu überlassen. Viele Menschen interessieren sich für die Frage, ob es ein Leben nach dem Tod gibt. Dabei ist es doch viel wichtiger, dafür zu sorgen, dass es ein Leben vor dem Tod gegeben hat – und genau deswegen haben Sie dieses Buch zur Hand genommen.

TEIL I:

Reisevorbereitungen

1. Kapitel

Sie sind der Schöpfer Ihres Lebens

Ich habe in meiner Praxis immer wieder Menschen getroffen, bei denen eigentlich bereits alles vorbei war, bevor sie überhaupt richtig angefangen hatten zu leben. Ich denke da z.B. an einen ganz typischen Fall: er, 23, zwei Kinder, das Dritte unterwegs, 38.000 DM Schulden und dann arbeitslos. Welche Chance hat er noch? Niemand hat ihm gesagt, wie man das hätte vermeiden können. Bevor er wach geworden ist, war es schon zu spät und er saß in der Falle.

Ich meine, ein Thema wie das dieses Buches müsste eigentlich Schulfach sein und jeder hätte rechtzeitig darüber unterrichtet werden sollen. Ich muss sagen, ich selbst hätte mich mit dem Inhalt dieses Buches gerne vor vierzig Jahren befasst. Mein Leben wäre sehr viel schöner verlaufen, wenn ich alles gewusst hätte, was ich heute weiß. Sie haben Ihre Chance etwas früher.

Ein Lebenskünstler ist niemand, der leicht nimmt, was kommt, sondern er ist jemand, der dafür sorgt, dass das Richtige kommt. Denn fragen wir uns doch einmal: Woher kommen nun die Lebensumstände? Warum kommen gerade bei dem einen diese und bei dem anderen jene? Glück kann man tatsächlich abonnieren und es trägt dann Ihren Namen. Leben Sie nicht länger wie ein Almosenempfänger des Schicksals. Es ist wie beim Tennis: Wenn Sie Matchball haben, dann können Sie mit einem Schlag alles ändern. Und genau das können Sie auch mit Hilfe dieses Buches. Wenn Sie sich Schritt für Schritt bewusst machen, wie Sie Ihr Leben umformen möchten und nach der Lektüre dieses Buches als Lebenskünstler weiterleben, dann ändert sich Ihr Leben in wenigen Tagen möglicherweise sogar dramatisch.

Fangen Sie zunächst einmal an, Ihr Leben selbst zu bestimmen. Das erinnert mich immer an den Witz von den beiden Himmelstüren. Da kommt ein Mann an die Himmelspforte und dort findet er zwei Eingänge vor, einen breiten, über dem steht »für Männer, die ihr Leben von ihrer Frau bestimmen ließen«. Daneben befindet sich ein ganz kleiner Eingang »für Männer, die ihr Leben selbst bestimmten«. Vor dem Eingang für die Männer, die von ihren Frauen bestimmt wurden, steht eine sehr lange Schlange in Viererreihen, vor dem anderen Eingang aber wartet nur ein einziger Mann. Als Petrus diese Tür öffnet, sagt er: »Endlich kommt einmal jemand durch diesen Eingang. Aber sag, warum möchtest du durch diese Türe Einlass? »Seine Antwort:« Das weiß ich auch nicht, aber meine Frau hat gesagt, dass ich mich hier anstellen soll.«

Das meine ich damit, wenn ich sage, dass wir anfangen sollten, unser Leben selbst zu bestimmen. Machen wir uns einmal bewusst: Niemand hat das Recht, für Sie irgendetwas zu bestimmen. Wenn das in Ihrer Partnerschaft, ganz gleich aus welchem Grund, noch vorkommt, dann sollten Sie Ihrem Partner Ihren Personalausweis zeigen und ihn auf Ihr Geburtsdatum aufmerksam machen sowie vielleicht noch erwähnen, dass die Sklaverei seit zweihundert Jahren abgeschafft ist und folglich jeder sein Leben selbst bestimmen kann. Die meisten Menschen schöpfen ihre Freiheit nicht aus, aus irgendwelchen Gründen glauben sie, man müsse sich in einer bestimmten Art und Weise verhalten.

Wenn wir uns umschauen, sehen wir doch: Der eine hat das Glück geradezu gepachtet, der andere hat dagegen anscheinend das Unglück abonniert. Manchen fällt einfach alles in den Schoß. Sie können dafür sorgen, dass Sie ab sofort zu Letzteren gehören. Vielleicht fangen Sie gleich damit an: Spielen Sie doch einmal Lebenskünstler. Was glauben Sie würde ein Lebenskünstler in Ihrer jetzigen Situation tun? Stellen Sie sich einmal vor, Sie wären jetzt in diesem Augenblick Lebenskünstler und müssten es nicht erst lernen. Sie würden sich daran erinnern, wer Sie von Natur aus sind und Sie befinden sich in Ihrem augenblicklichen Alter, in Ihrer augenblicklichen Situation, sind mit Ihrem augenblicklichen Partner zusammen und Sie stehen in Ihrem augenblicklichen Beruf. Nur sind Sie jetzt ein Lebenskünstler.

Wie sieht Ihr Leben unter diesen Umständen aus? Was würde sich dadurch ändern? Würde vielleicht alles etwas leichter sein?

Schauen wir doch gleich einmal hin. Was macht denn das Leben schwer? Geben Sie sich eine ehrliche Antwort: Nur Sie selbst! Es ist niemand sonst da, denn das Leben ist immer so schwer, wie man es nimmt. Das heißt, die Umstände sind nicht leicht oder schwer. Es gibt keine schweren und keine leichten Umstände. Es gibt nur Umstände. Wie Sie damit umgehen, das entscheiden Sie. Einer der Schritte zum Lebenskünstler wird sein, dass Sie lernen, in der Leichtigkeit des Seins zu leben und dass Sie lernen, die Dinge nicht mehr schwer zu nehmen, denn sie sind von Natur aus nicht schwer. Damit sind wir gleich beim nächsten Schritt: Lernen Sie, Ihr Leben zu zelebrieren. Ich weiß nicht, ob Sie einmal eine japanische Teezeremonie erlebt haben. Aber stellen Sie sich einmal vor, Ihr ganzes Leben sei solch eine Zeremonie, Sie zelebrieren Ihr Leben. Erleben Sie sich als Meister in der Kunst zu leben. Stellen Sie sich vor, Sie seien bereits Meister in der Kunst zu leben, Sie beherrschen alles, Sie sind geübt in dieser Kunst und Sie fangen sofort damit an, es zu tun. Bestimmen Sie Ihr Leben selbst.

2. Kapitel

Leben in der Bewusstheit

Wenn sie also Ihr Leben als Lebenskünstler leben wollen, brauchen Sie nur zwei Schritte zu tun: Der erste Schritt ist ein Wirklichkeit schaffendes Bewusstsein. Aber Sie dürfen dieses Bewusstsein nicht haben wollen, erlernen wollen oder werden wollen, sondern Sie müssen es sein. Bewusstsein kann man nur sein. Denn wer will denn dieses Bewusstsein haben? Wer ist das in Ihnen, der dieses Bewusstsein haben will? Mit wem identifizieren Sie sich derzeit noch? Wer sind Sie? Als wen empfinden Sie sich, wenn Sie sagen »ich«? Wen meinen Sie damit? Meinen Sie Ihren Körper oder meinen Sie den Verstand oder mehr Ihre Persönlichkeit? Oder eher Ihr Ego, Ihr Gemüt, Ihr Unterbewusstsein, den Namen, den Sie tragen oder die Rolle, die Sie spielen? Wer ist »ich«? Spüren Sie einmal in sich hinein. Nicht zuhören sollen Sie, sondern hineinspüren: Als wen empfinden Sie sich, wenn Sie sagen »ich«?

Sollten Sie einmal eine Rückführung machen lassen und ein früheres Leben erleben, dann sind Sie jemand ganz anderes und Sie haben eine andere Persönlichkeit und wenn Sie wieder weiter zurückgehen, haben Sie wieder eine andere Persönlichkeit, aber immer noch erinnern Sie sich. Wer ist das, der sich erinnert, der die Persönlichkeiten wechselt wie Kleider? Der sind Sie wirklich, dieses Bewusstsein, das weder geboren wird noch alt werden kann, es wird nicht krank und es stirbt nicht. Sie waren immer und Sie werden immer sein – ganz gleich, ob Sie daran glauben oder nicht. Das ist ohne jede Bedeutung. Die Wirklichkeit heißt Wirklichkeit, weil sie wirkt. So oder so. Also: Früher oder später werden Sie feststellen, dass Sie nicht der Körper sind. Sie sind nicht der Verstand. Sie sind auch nicht die Persönlichkeit, mit der Sie sich identifizieren, sondern Sie sind Bewusstsein.

Sie brauchen sich doch nur einmal vor einen Spiegel zu stellen und voller Stolz oder wie auch immer zu sagen: »Das ist mein Körper.« Wer ist das, der sagt: »Das ist mein Körper?« Ist das die Persönlichkeit? Oder ist das Bewusstsein? Und wer denkt bei Ihnen? Ihre Persönlichkeit oder Sie selbst? Wer fühlt Ihre Gefühle? Sie sind der Denker. Sie sind der, der den Verstand benutzt. Sie sind der, der die Gefühle fühlt. Sie sind der, der IST. Dieses Wirklichkeit schaffende Bewusstsein kann man nur sein. Ich muss also dazu meine Identifikation verändern. Ich muss dazu erkennen, wer ich bin. Denn ein Ich hat kein Wirklichkeit schaffendes Bewusstsein, sondern ein Ich hat lediglich einen Verstand, der mehr oder weniger brillant, aber sehr begrenzt ist, denn er kann immer nur eine Sache gleichzeitig tun. Auf die wirklich wichtigen Fragen des Lebens kann uns der Verstand keine brauchbaren Antworten geben.

Sie brauchen nur einmal zurückzudenken: Am Ende Ihrer Schulzeit standen Sie vor der Frage, welchen Beruf Sie ergreifen sollen. Wenn Sie Ihren Verstand gefragt haben, dann hat er Ihnen Gründe gegeben, diesen oder jenen Beruf zu ergreifen. Er hat Argumente angeführt wie Ansehen, den Verdienst oder die Freude an der Arbeit, aber ob das Ihr Beruf, Ihre Berufung ist, das wusste Ihr Verstand nicht. Als Sie später heiraten wollten das Gleiche. Sie fragten sich, ob das der richtige Partner ist, aber hier kann der Verstand wieder nur mit den Schultern zucken.

Doch wir haben eine Instanz in uns – besser noch: wir sind eine Instanz –, die jede Frage, die wir uns bewusst stellen, sofort richtig beantworten kann. Das ist Bewusstsein. Das heißt also, wenn ich zu Bewusstsein komme, erinnere ich mich an mich selbst und ich identifiziere mich wieder mit dem, der ich wirklich bin, mit diesem unsterblichen Teil, der diesen Körper nur benutzt, bewohnt, den Verstand gebraucht und die Gefühle fühlt. Wenn ich mich als Bewusstsein wahrnehme, dann, und nur dann, bin ich Wirklichkeit schaffendes Bewusstsein. Danach ist der zweite Schritt ganz einfach, denn nun müssen Sie nur noch die erwünschte Wirklichkeit verursachen, indem Sie sie sich vorstellen, daran glauben und es geschehen lassen. Das geht ganz einfach, ganz selbstverständlich: Ich schaffe mir ein Bild des erwünschten Endzustandes in jeder Situation, ich mache mir also eine Vorstellung und ich fühle mich wert, das Gewünschte auch zu bekommen. Ich glaube, dass es geschieht und lasse es los, lasse es geschehen. Damit ist es verwirklicht und muss in Erscheinung treten. Halten wir also fest: Wir bekommen vom Leben nicht das, was wir gerne haben möchten sowie auch nicht das, was wir ganz dringend brauchen, sondern wir bekommen nur das, was wir verursacht haben. Und das können wir jederzeit tun.

Sie haben sich dieses Buch gekauft, ganz gleich welchen Grund Ihnen Ihr Verstand genannt hat, um sich daran zu erinnern, wie Sie gemeint sind. Sie wollen sich erinnern wie Leben gemeint ist und zurückkehren in die Leichtigkeit des Seins, die Sie vielleicht noch nie erfahren haben. Das Buch hilft Ihnen zu erkennen: Alles Bisherige war nur der Anlauf. Jetzt könnten Sie anfangen, wirklich zu leben. Das bedeutet konkret: Es gibt nichts mehr – und wenn ich sage nichts, dann meine ich absolut nichts –, das Sie nicht erreichen könnten. Es genügt, dass Sie es sich bewusst machen, dass Sie von hier aus damit verschmelzen, dass Sie sich identifizieren mit der Situation und damit haben Sie es zuverlässig verursacht. Wenn Sie eine Ursache gesetzt haben, dann muss es geschehen. Das Leben hat keine Wahl. Es kann nicht vielleicht, eventuell oder unter günstigen Umständen geschehen, sondern es geschieht immer und in jedem Fall. Ganz gleich, was Sie verursachen. Dem Leben ist es völlig gleich, ob Sie ein Gänseblümchen haben wollen oder einen bordeauxroten Rolls Royce mit goldenen Griffen. Das ist der gleiche Aufwand. Die Kraft, die Sie gesund und reich machen kann, ist die gleiche Kraft, die Sie jetzt arm und krank macht. Es ist die gleiche Energie. Sie geben ihr nur eine andere Richtung und Sie geben ihr diese andere Richtung bewusst. Denn solange wir das nicht bewusst tun, ziehen wir nach dem Gesetz der Resonanz die Lebensumstände in unser Leben, die unserer inneren Schwingung entsprechen, unserem inneren Bild. Das heißt also, der erste Schritt zum Lebenskünstler beginnt im Bewusstsein. Wir müssen aufhören, aus dem Verstand heraus zu leben und anfangen, zu Bewusstsein zu kommen. Ich sage gerne provokativ: Denken ist immer ein Zeichen mangelnder Intelligenz. Solange ich noch denke, ist mir noch nichts Besseres eingefallen. Benutze ich das sehr begrenzte Instrument Verstand zur Lebensführung, dann sind Schwierigkeiten und Schicksalsschläge nicht zu vermeiden. Sobald ich aber zu Bewusstsein komme, ist Wunsch und Verwirklichung identisch. Vorausgesetzt ich empfinde den Wunsch nicht als Wunsch, sondern als Auftrag an das Leben.

3. Kapitel

Setzen Sie sich die Krone auf

Das meine ich mit »Leben führen und Leben bewusst gestalten«. Wir müssen wissen, was wir wollen und die entsprechenden Ursachen setzen. Um zu dieser Selbstidentifikation zu kommen, zu diesem Wirklichkeit schaffenden Bewusstsein, muss man sich »die Krone aufsetzen«. Das machen wir gleich einmal praktisch, denn es ist eine Voraussetzung für die Leichtigkeit des Seins. Prüfen Sie zunächst einmal, wo das Zentrum Ihres Lebens ist. Wo fühlen Sie den Mittelpunkt Ihres Seins? Von wo aus leben Sie? Spüren Sie einmal hin. Ist das mehr aus dem Bauch? Aus dem Gefühl? Ist es mehr aus dem Herzen? Oder ist es aus dem Verstand, aus dem dritten Auge? Legen Sie einmal diesen Punkt fest, von dem aus Sie leben. Vielleicht fällt es Ihnen leichter festzustellen, von wo aus Sie das Leben und die Außenwelt wahrnehmen. – Sie sagen über die Augen, aber die Augen werfen nur ein Bild, noch dazu spiegelverkehrt, auf die Retina. Also, diese Wahrnehmung findet im Kopf statt. Nehmen Sie das Leben im Kopf wahr? Oder wo ist das Zentrum Ihrer Wahrnehmung?

Jetzt setzen Sie sich einmal die Krone auf: Verlagern Sie das Zentrum über den Kopf hinaus und gehen Sie somit einmal aus dem Körper heraus. Dazu müssten Sie oben die Fontanelle öffnen. Nun stellen Sie sich vor, oben am Kopf ist eine Öffnung und die klappen Sie auf. Energetisch gehen Sie über Ihren Körper hinaus und verlegen einmal das Zentrum Ihrer Wahrnehmung über den Kopf. Bleiben Sie also außerhalb Ihres Körpers mit dem Zentrum Ihrer Wahrnehmung. Nehmen Sie von dort oben aus wahr, leben Sie von dort aus, erleben Sie Ihr Leben von dort aus und es passiert ein Wunder. Denn wenn Sie jetzt einen günstigen Zufall brauchen, können Sie jeden haben. Sie brauchen ihn nur zu verursachen, indem Sie ihn von diesem Zentrum aus wünschen. Halt! Wünschen ist noch das falsche Wort, besser wäre es zu sagen: indem Sie sich von

Ihrem Zentrum aus in diesen Zufall versetzen, sich mit diesem Zufall identifizieren. Indem Sie sich also die erwünschte Situation vorstellen und sich darin erleben, erschaffen Sie sie. Im gleichen Augenblick haben Sie diesen Zufall verursacht und er fällt Ihnen zu.

Nach dem Gesetz der Resonanz ziehen Sie das an, was Ihnen entspricht. Es gibt keinen Zufall. Es hat noch nie einen gegeben. Ihnen fällt das zu, was Sie nach dem Gesetz der Resonanz anziehen, nicht mehr und nicht weniger und nichts anderes. Zufall ist eine Ausrede, ein Verlegenheitswort. Zufall gibt es nicht, es gibt nur Ursache und Wirkung und eine Wirkung kann immer nur dem passieren, der die entsprechende Ursache gesetzt hat. Sonst nicht.

Wenn Sie in einem Flugzeug sitzen, das aus großer Höhe abstürzt und Ihr Leben ist noch nicht zu Ende, dann werden Sie als Einziger überleben. Die anderen sind eine Schicksalsgemeinschaft und kommen alle um. Aber Sie nicht. Das geht nicht. Wir leben in einer Welt, die wir Kosmos nennen. Kosmos heißt Ordnung und in dieser Ordnung ist kein Platz für Zufall, für Unwägbarkeiten oder für Möglichkeiten. Da gibt es nur Ursache und Wirkung und die Wirkung betrifft immer den, der die Ursache setzt. Keinen anderen. Das ist absolute Gerechtigkeit für jeden.

Sich seine eigene Wirklichkeit erschaffen durch die Einstellung – das kann ein Ich nicht, das kann der Verstand nicht. Das funktioniert nicht. Das kann nur das Selbst, das Sie sind und Sie sind es, wenn Sie das Zentrum Ihrer Wahrnehmung über den Kopf legen. Das meinten die Weisen des Mittelalters mit »sich die Krone aufsetzen«. Sollten Sie Ihre Krone aktiviert haben, ist das der Heiligenschein. Dann ist das dieses hohe Energiezentrum, das als Licht sichtbar wird. So einfach kann es sein, aufzuhören, jemand zu sein, dessen Leben schwierig ist. Fangen Sie an, jemand zu sein, dem alles zufällt. Eigentlich könnten wir an dieser Stelle das Buch beenden, denn alles Wesentliche ist gesagt. Wir werden nun nur noch üben wie man es macht, bis Sie es hoffentlich alle beherrschen.

TEIL II:

Die Reise – der Weg zum Lebenskünstlers

4. Kapitel

1. Etappe: Sie sind der Regisseur Ihres Lebens – setzen Sie die richtigen Ursachen

Beginnen und beschließen Sie jeden Tag als Lebenskünstler

Prüfen Sie einmal: Können Sie wirklich das Leben genießen? Erleben Sie bewusst die vielen Kleinigkeiten, die jeder Tag bietet? Erkennen Sie jeden Tag als ein neues Abenteuer, das noch nie da war und nie wieder kommen wird? Der heutige Tag hier war noch nie da in der Schöpfung. Diesen Augenblick jetzt hat es noch nie gegeben und in alle Ewigkeit wird es diesen Augenblick nicht mehr geben. Er ist nur jetzt. Haben Sie auch schon bemerkt, dass auch die unangenehmsten Situationen Ihnen nur helfen wollen und Sie einen wichtigen Schritt weiterbringen, wenn Sie richtig damit umgehen? Fast jeder träumt vom großen Glück irgendwann, aber die meisten glauben, dass dazu irgendein einschneidendes Ereignis passieren müsse oder eine große Umstellung erforderlich sei, bevor dieses Glück beginnen kann. Wir hoffen auf einen Millionengewinn im Lotto, die Begegnung mit der großen Liebe oder wenigstens auf eine Beförderung im Beruf. Wir warten darauf, dass es passiert, anstatt zu erkennen, dass wir jederzeit mit diesem neuen Leben beginnen können. Wir müssen nur die Ursache setzen.

Es fängt damit an, dass Sie den Tag, jeden Tag, ganz bewusst beginnen und dass Sie sich Zeit nehmen, wirklich aufzuwachen. Sie sollten sich nie mehr vom Wecker wecken lassen, das darf nicht passieren. Gehen Sie so rechtzeitig schlafen, dass Sie morgens aufwachen. Sagen Sie nun nicht, dass Sie so rechtzeitig gar nicht schlafen gehen können, um morgens zeitig aufzuwachen. Sie werden überrascht sein, es geht tatsächlich. Ich bin das letzte Mal als 17-Jähriger vom Wecker geweckt worden und das sollten Sie sich auch nie mehr antun, denn das reißt Sie aus einer Schlafphase in die Wirklichkeit. Wenn Sie den Tag so beginnen, dann können Sie den Rest des Tages fast schon vergessen. Also, sorgen Sie dafür, dass Sie mindestens eine halbe Stunde bevor Sie aufstehen müssen aufwachen und machen Sie sich in dieser ersten Zeit bewusst, wer Sie sind. Setzen Sie keinen Fuß vor das Bett, bevor Sie ganz Sie selbst sind, bevor Sie sich erinnert haben, wer Sie sind, bevor Sie das Zentrum Ihrer Wahrnehmung über den Kopf verlagert haben, bevor Sie also zu Bewusstsein gekommen sind. Als Bewusstsein lassen Sie jetzt einmal den Tag, der vor Ihnen liegt, durch Ihr Bewusstsein ziehen. »Was kommt heute auf mich zu? Wem begegne ich? Was ist zu tun?« Lassen Sie schon einmal vorab Ihren Tagesablauf vor Ihrem inneren Auge ablaufen: »Ich werde an meinen Arbeitsplatz gehen, da werde ich die und die Kollegen treffen. Dann werde ich in der Mittagspause da und dorthin essen gehen usw.« Ich kann mir also die bekannten Dinge einmal bewusst machen und mir dann vorstellen, wie ich als Lebenskünstler bewusst damit umgehe. Wie gehe ich also als Lebenskünstler durch meinen Tag? So erleben Sie mental den Tag voraus, der vor Ihnen liegt, aber Sie erleben ihn nicht als die Persönlichkeit, die Sie bisher waren, vielleicht auch noch immer sind oder zu sein glauben, sondern Sie erleben diesen Tag vorab als Lebenskünstler, als Meister in der Kunst zu leben.

Sie stellen sich vor, wie Sie mit den Situationen Ihres Alltags umgehen, sei es ein Gespräch mit Ihrem Chef oder eine Verabredung mit einem Freund. Wenn Ihnen eine Vorstellung nicht gefällt, können Sie es ja noch umerleben. Erleben Sie es mehrmals um, bis es Ihnen gefällt und Sie sagen: »So, glaube ich, möchte ich als Lebenskünstler durch diesen Tag gehen.« Versuchen Sie nicht ein erfülltes Leben zu leben, sondern konzentrieren Sie sich nur auf den Tag und in dem Tag auf diesen Augenblick jetzt, denn Leben findet nur jetzt statt. Es gibt kein »vorhin« und kein »nachher«. Sie können nur jetzt, in diesem Augenblick, leben. Wenn Sie so den Tag vorbereitet haben und Sie sich also eingestimmt haben, als Lebenskünstler durch den Tag zu gehen, dann – und erst dann – stehen Sie auf. Nun tun Sie diese ersten Schritte ganz bewusst als Lebenskünstler. Sie gehen ins Bad und waschen sich –

als Lebenskünstler. Alles wird ein Ritual. Alles wird zelebriert. Alles bekommt auf einmal eine besondere Bedeutung. Der kleinste Handgriff wird etwas ganz Besonderes, wenn Sie ihn als Lebenskünstler tun. Schließlich haben Sie immer noch ausreichend Zeit für Ihr Frühstück. Wenn Sie dann wirklich bereit sind, gehen Sie hinaus in den Tag als Lebenskünstler. Das tun Sie ab sofort jeden Tag. Sie haben nie mehr eine Entschuldigung, wenn Sie es anders machen.

Sollten Sie irgendwann einmal einen schweren Tag gehabt haben, dann könnten Sie ihn wenigstens als Lebenskünstler beschließen. Suchen Sie sich einen Ort, wo Sie mit sich alleine sein können, atmen Sie ruhig und gleichmäßig und lassen Sie sich in Ihre lichte Innenwelt sinken. Träumen Sie, wie Ihr Leben aussehen sollte. Erleben Sie, wie Sie erfolgreich die erforderlichen Schritte tun und letztlich Ihr Ziel erreichen. Fangen Sie an, in der Fantasie Ihr Leben zu gestalten und zwar immer etwas im Voraus. Wie sollte der heutige Tag aussehen? Mein Verhalten heute? Meine nahe Zukunft? Gestalten Sie also den Teil Ihres Lebens, der vor Ihnen liegt mit Ihrer Fantasie und mit Ihrer Vorstellungskraft. Sie können Ihr Bild ja jederzeit umgestalten, bis Sie ganz zufrieden sind. Schaffen Sie so Ihre Zukunft wie ein Gemälde, wie ein Künstler. Verändern Sie ihr Werk so lange, bis Sie vollkommen damit zufrieden sind. Gestalten Sie demnach bewusst Ihre Zukunft und schaffen Sie sich ein Leben, das Sie von Herzen lieben können, ein Leben, in dem Sie sich wohl fühlen.

Machen Sie sich in Ihrem Wahrnehmungszentrum bewusst: Was sind denn die Dinge in Ihrem Leben, die es Ihnen noch schwer machen? Denken Sie dabei auch an Kleinigkeiten: Mülleimer ausleeren zum Beispiel. Dieses Thema ist so wichtig, dass Sie sich diese Dinge einmal aufschreiben sollten, also alles, was Sie in Ihrem Leben stört. Teilen Sie das Blatt in zwei Längshälften. In die linke Hälfte des Blattes schreiben Sie alles, was Sie stört – Sie sollten mindestens fünfzig Dinge finden, sonst haben Sie einiges übersehen. In die rechte Hälfte schreiben Sie jeweils dazu, wie Sie gerne hätten, dass dieser Punkt aussieht und abläuft und wie Sie mit der Situation umgehen möchten.

Lernen Sie zu beobachten

Der nächste Schritt in ein neues Leben ist lächerlich einfach. Sie brauchen nur anzufangen zu beobachten. Wenn Sie beobachten, ganz gleich, was es ist, einen Vogel, eine Blume oder Ihren Nachbarn, dann schauen Sie sich einmal beim Beobachten zu und beobachten den, der beobachtet, also sich selbst. Beobachten Sie einmal den Beobachter. Wer beobachtet da gerade etwas? Sie werden sehen, es ist nicht Ihre Persönlichkeit. Es ist ein Energiefeld, ein Bewusstseinsfeld. Sie selbst finden sich, indem Sie anfangen, zu beobachten. Während Sie etwas tun, schauen Sie genau hin. Schauen Sie auf das, was Sie tun. Tun Sie es konzentriert und bewusst, dann gehen Sie noch einen Schritt zurück, während Sie weitermachen und beobachten den Beobachter. Dann sind Sie sich gerade begegnet. Sie brauchen also nicht zu hoffen oder zu wünschen, dass Ihr Leben besser wird. Auch hart zu arbeiten ist Zeitverschwendung und wird Sie nicht wirklich weiterbringen. Es sei denn, Sie ändern Ihr Bewusstsein. Es gibt ein unentdecktes Land voller faszinierender Möglichkeiten: Sie selbst. Die größte Entdeckung, die man in einem Leben machen kann, ist daher die, sich selbst zu entdecken. Wenn Sie beobachten, haben Sie sich gerade entdeckt.

Doch Sie sollten sich nicht als ein Ich, sondern vielmehr als ein Selbst verstehen. Die meisten Menschen sind durch die Illusion des Ichs aus der Mitte gefallen, sind im wahrsten Sinne des Wortes »verrückt«. Das ist inzwischen zum Normalzustand geworden. Sie identifizieren sich mit einem Ich und sie vergessen dabei, dass sie als Selbst geboren worden sind, also kein Ich hatten. Sie haben überhaupt nicht gewusst, dass es sie gibt. Sie haben monatelang gelebt, ohne auch nur einen Gedanken zu haben, dass es sie gibt. Sie kannten nur ihre Mutter, die Hebamme, den Vater, die Geschwister, ihre Rassel, ihre Puppe, die Außenwelt. Sie waren sich also in keinem Punkt darüber bewusst, dass es sie gibt. Aber irgendwann einmal kam dieses Erlebnis, als vor ihren Augen kleine Zappelmänner auftauchten und wieder verschwanden. Sie wussten nicht, was das war, sie wussten nicht, dass das ihre Finger sind. Irgendwann tauchten die wieder einmal auf und sie guckten und entdeckten: Das hängt ja an mir. Das kann ich machen. Sie hatten ihren Körper gerade entdeckt.

Jetzt passierte der erste Fehler. Sie konnten es machen und wieder sein lassen. Die Kinder konnten mit den Augen folgen und jetzt haben sie gedacht, das sind sie, weil sie das tun können. So fängt die Ich-Identifikation an. Dann sagt die Mutter irgendwann: »Du bist lieb!«, oder »was hast du denn schon wieder gemacht?«, und wir identifizieren uns mit unserem Tun und bekommen noch mehr »ich«. Dann sagt die Mutter irgendwann: »Du bist aber geduldig, lieb, unartig, schlampig usw.«. Wir bekommen dadurch Eigenschaften, identifizieren uns mit den Eigenschaften und so entsteht unsere Persönlichkeit. Dann bekommt sie plötzlich eine Gestalt, erhält Eigenschaften, bis wir irgendwann denken, wir sind das.

Aber wir sollten erkennen, dass wir mit dieser Persönlichkeit, auf die wir vielleicht so stolz sind, gar nichts zu tun haben. Sie ist ohnehin fast ausschließlich durch unsere Außenwelt entstanden, durch die Eindrücke und die Botschaften, die auf uns einstürmten. Durch das Feedback, das wir bekommen haben, haben wir eine Vorstellung bekommen von uns, von unserer Persönlichkeit. Diese Persönlichkeit aber bestimmt, bestimmte bisher zumindest, unser Leben. Kein Wunder, dass unser Leben uns oft nicht gefällt, denn es hat mit uns gar nichts zu tun. Es entspricht uns oft gar nicht, weil diese Person uns gar nicht entspricht. Doch jetzt könnten Sie diese Persönlichkeit loslassen. Da wir in dieser Welt allerdings eine Persönlichkeit brauchen, um in Erscheinung zu treten, könnten Sie sich eine neue schaffen. Sie könnten sich gleichsam neu erfinden.

»Ich selbst sein« bedeutet zunächst einmal, mein »So-Sein« zu erkennen und mich nicht mehr mit meinen Eigenschaften zu identifizieren, sondern zu wissen: Ich bin der Beobachter. Ich bin der Denker. Ich bin der, der fühlt. Ich bin der, der mein Leben jederzeit bestimmen und gestalten kann und das in jedem Augenblick. Damit beende ich die Sünde der Trennung von mir selbst und werde immer authentischer, echter, ehrlicher und damit immer heiler.

Machen wir uns bewusst: Sie können alles erreichen im Leben. Sie können reich und mächtig und angesehen und beneidet werden. Wenn Sie sich selbst dabei versäumen, haben Sie nichts erreicht und Ihr Leben war vergeblich, denn alles andere, Reichtum, Macht und Anerkennung werden Sie hier zurücklassen. Das Einzige, das Sie mitnehmen, ist Ihr »Selbst-Bewusstsein«, sich selbst. Deswegen ist es so wichtig, sich selbst zu begegnen, als Sie selbst in Ihren Alltag zurückzukehren und nie mehr zu vergessen, wer Sie wirklich sind. Auch müssen Sie im Alltag leben als Sie selbst, da Sie diesen Weg nicht noch einmal werden gehen können. Also gehen Sie ihn bewusst. Fangen Sie in diesem Augenblick spätestens an, bewusst zu leben.

Wenn Sie schon bewusst sind, warum nicht als Lebenskünstler? Machen Sie doch den Lebenskünstler zum Lehrberuf. Erfinden Sie einfach, was zum Lebenskünstler gehört. Wir haben vorhin erfahren, dass die Dinge leichter sein sollen. Was gehört noch zum Lebenskünstler? Sich freuen können, gehört zum Lebenskünstler, aber auch Humor ist ein ganz wichtiger Punkt. Ebenso sollten Sie sich keine Sorgen mehr machen und Zeit haben.

Zeit ist das Gerechteste, was es auf dieser Welt gibt. Jeder bekommt jeden Morgen 24 Stunden, keine Sekunde mehr, keine weniger, bis zum letzten Atemzug. Was wir damit machen, ist unsere Sache. Aber die einen haben keine Zeit, da sollte der Tag 100 Stunden haben, damit sie alles das unterbringen können, was sie tun möchten, während die anderen überlegen, wie sie die Zeit totschlagen können und nicht wissen, was sie damit anfangen sollen. Manche haben sich zur Ruhe gesetzt, wachen dann morgens auf und sagen: »Guten Morgen, Feierabend.« Dann liegt der Tag immer noch vor ihnen und sie wissen nicht, wie sie ihn sinnvoll ausfüllen können. Also, der Umgang mit der Zeit ist das, was wir unbedingt lernen müssen. Mehr oder weniger Zeit gibt es nicht. Wir haben alle immer gleich viel.

Es gibt noch viele Eigenschaften, die zu einem Lebenskünstler gehören, nämlich Zufriedenheit, finanzielle Unabhängigkeit, Gesundheit und lieben können – ein sehr wichtiger Punkt. Weshalb tun wir all das nicht, was wir bis jetzt gehört haben und was eigentlich selbstverständlich ist? Wo sind die Hindernisse? Wer oder was hinderte Sie bisher daran, diese Selbstverständlichkeiten in Ihr Leben zu integrieren und damit zum Lebenskünstler zu werden?

Renovieren Sie Ihr Leben

Als Lebenskünstler kommen wir nicht umhin, unser Leben irgendwann einmal zu renovieren. Wenn ein Haus unansehnlich geworden ist, dann wird es frisch gestrichen und so sollten Sie auch einmal Ihr Leben renovieren. Dazu müssen wir uns zunächst einmal generell fragen: Ist die eingeschlagene Richtung meines Lebens geeignet, mich zu meinem Ziel zu bringen? Habe ich überhaupt ein Ziel? Wenn nein, sollte ich mir bewusst machen: Wo will ich denn am Ende meines Lebens stehen? Auf was möchte ich, wenn ich 80 oder 120 bin, zurückblicken? Was müsste ich jetzt tun, damit ich dann im Rückblick zufrieden bin? Und, bin ich überhaupt auf dem richtigen Weg?

Sie werden überrascht sein, die meisten sind es nicht. Diejenigen, die überhaupt ein Lebensziel haben, sagen: Das würde ich gerne erreichen. Wenn sie dann ihren Lebensweg anschauen, müsste ich fragen: Sind Sie sicher, dass der Weg, den Sie eingeschlagen haben, zu dem von Ihnen erklärten Ziel führt? Und 80 Prozent würden dann erkennen: Ja, stimmt, wenn ich so weitermache wie bisher, komme ich überhaupt nicht an mein Ziel. Also, prüfen Sie einmal, wie das bei Ihnen aussieht. Führt der Weg, den Sie bis jetzt eingeschlagen haben, überhaupt zu Ihrem Ziel – sind Sie sicher? Oder will ich mein Ziel ändern und den Weg beibehalten? Oder bleibe ich bei meinem Ziel und muss meinen Weg ändern? Dann muss ich anders leben. Dabei ist zu erkennen: Wenn wir geboren werden, sind wir zunächst in der Opferrolle. Wir sind hilflos. Wir sind darauf angewiesen, dass unsere Mutter uns liebt oder uns zumindest versorgt. Wir hätten sonst keine Überlebenschance. Wir sind typische Opfer. Aber irgendwann einmal, und diesen Zeitpunkt versäumen die meisten Menschen, müssen wir erwachsen werden und diese Opferhaltung wieder loslassen, um zu erkennen, dass wir nicht als Opfer gemeint sind, sondern als Schöpfer.

Wir müssen also anfangen, unser Leben wirklich zu bestimmen und das beginnt nun einmal mit einem Traum. Ich muss zunächst einmal mein Leben träumen. Deswegen möchte ich Sie anregen: Trauen Sie sich wieder einmal zu träumen, sich Zeit zu nehmen, nach innen zu gehen und sich bewusst zu machen, wie sähe mein ideales Leben aus? Hier kommt gleich der Verstand und sagt: »Das geht ja nicht, weil ... « Doch sagen Sie schlicht: »Du bist jetzt mal ruhig. Ich schaue mir das einmal an.« Wie sähe das aus? Ohne Grenzen, ohne Unmöglichkeiten und ohne Behinderung. Träumen Sie also möglichst bald Ihr ideales Leben, denn ich möchte Ihnen mit diesem Buch zeigen, wie Sie es verwirklichen können.

Erleben Sie Ihr Leben als Abenteuer

Im Leben eines jeden Menschen gibt es im Prinzip nur drei wichtige Ereignisse: geboren zu werden, zu sterben und dafür zu sorgen, dass man dazwischen lebt. Das Schwierigste übrigens ist es, geboren zu werden und das haben Sie ja offensichtlich geschafft. Die Weisen sagen: »Wenn man erst einmal geboren ist, hat man das Schwerste im Leben bereits hinter sich.« Also, die Hauptlektion haben Sie gemeistert. Das Schönste ist es zu sterben – auch wenn das die meisten nicht wissen. Aber Sie werden es ja sehen. Sie haben es davon abgesehen schon unzählige Male erlebt und Sie werden es sicher noch einige Male erleben. Freuen Sie sich darauf. Es ist unwahrscheinlich schön, den Körper zu verlassen, den man dann als Gefängnis, als beengend empfindet und wieder ganz draußen zu sein, frei als Bewusstsein, frei von Raum und Zeit. Man tritt wieder ein in die Leichtigkeit des Seins, die man im Körper nur andeutungsweise erleben kann. Das Wichtigste aber ist, die Zwischenzeit zwischen dem ersten und dem letzten Atemzug wirklich zu leben. Die meisten Menschen sterben, ohne je gelebt zu haben. Prüfen Sie, ob Sie auch dazu gehören. Haben Sie überhaupt eine Vorstellung, was es heißt zu leben? Was es heißen kann, wirklich das Leben als Abenteuer zu erleben? Und zwar nicht nur ab und zu, sondern immer? Wenn wir in ein Leben eintreten, liegt die faszinierende Aufgabe vor uns, dieses Leben zu meistern.

Eine der schönsten Erkenntnisse auf diesem Weg ist: Das Leben ist ein Spiel. Die meisten haben das nur noch nicht erkannt. Sie halten das Leben für einen Kampf, für Arbeit, für eine Bewährung, eine Strafe oder für was auch immer, doch in Wirklichkeit ist das Leben eines jeden Einzelnen ein Spiel, bei dem Sie nur gewinnen können. Es gibt keine Verluste. Das, was Sie Verluste nennen, sind Spielfiguren auf dem Weg. Sie können Ihr Häuschen verlieren, Ihren Partner oder Ihre Gesundheit. All das ist unwichtig. Wenn Sie sie selbst sind, dann erkennen Sie, das alles sind nur Spielsituationen, die mich prüfen, ob ich im Bewusstsein bleibe. An dieser Stelle können wir uns gleich wieder einmal prüfen: Sind Sie noch in Ihrem Wahrnehmungszentrum, während Sie diese Zeilen lesen? Haben Sie noch die Krone aufsitzen? Wenn nicht, aktivieren Sie Ihr Bewusstsein sofort wieder. Also treten Sie hervor über Ihren Körper und leben Sie von dort aus. Leben Sie von nun an als befreites Bewusstsein!

Richten Sie nun einmal Ihr erweitertes Bewusstsein auf Ihre aktuelle Tätigkeit. Wenn Sie derzeit wirklich nur für Geld arbeiten, werden Sie sicher schon bemerkt haben, dass Geld allein niemals Belohnung genug für Ihre Arbeit ist. Jetzt hätten Sie eine Chance, dafür zu sorgen, dass Ihr Arbeitsplatz, ganz gleich, ob Sie selbstständig sind oder im Angestelltenverhältnis arbeiten, zu dem Ort wird, an dem Sie Erfüllung finden. Bei den meisten Menschen, die ausschließlich arbeiten, um Geld zu verdienen, ist eine tiefe Resignation zu spüren, die sie allmählich an den unteren Rand ihrer Lebensfreude und Leistungsfähigkeit bringt. Wir müssen uns hier fragen, ob es wirklich erforderlich ist, dass wir unsere Sehnsucht nach wahrem Leben unterdrücken, nur um besser zu funktionieren.

Lassen Sie sich nicht mehr durch Unwesentliches vom Wesentlichen abhalten. Bleiben Sie ein Leben lang in diesem Bewusstsein, dann hat es sich wirklich gelohnt, dass Sie dieses Buch lesen. Dann ändert sich Ihre Art zu leben. Es wandelt sich Ihre Art, die Dinge zu sehen, mit den Dingen umzugehen und es ändert sich auch Ihre Art miteinander umzugehen. Denn Sie sind ein anderer Mensch geworden. Sie sind nicht mehr eine Persönlichkeit. Das ist wieder Verstand und der Körper ein Aspekt, den Sie benutzen. Sie aber sind dieses Bewusstsein, das nicht an den Körper gebunden ist, das diesen Körper belebt. Denn wenn Sie Ihren Körper verlassen, ist er im gleichen Augenblick tot, ist er nur noch ein Zellhaufen. Sie sind also dieses freie Bewusstsein und einer der Schritte, die Sie diesem Buch entnehmen, könnte sein, dass Sie von nun an als dieses freie Bewusstsein leben. Es kann sein, dass sich Ihr Beruf dadurch verändert. Es kann sogar sein, dass sich Ihre Partnerschaft ändert, weil Sie sich gefunden haben. Wenn Sie sich gefunden haben, wenn Sie als Sie selbst leben, dann fallen Dinge von Ihnen ab, die nicht zu Ihnen selbst gehören. Vielleicht gehörte die bisherige Tätigkeit zu der Persönlichkeit, die Sie benutzten, aber nicht zu Ihnen selbst.

Jetzt, in diesem Bewusstsein, haben Sie die Möglichkeit, die einzelnen Aspekte Ihres Lebens einmal ins Bewusstsein zu nehmen und zu spüren: Bin ich wirklich im Einklang damit? Ist mein Partner mein Partner? Ist meine Tätigkeit meine Berufung? Stimmt mein Wohnort? Stimmt mein Auto, die Kleidung, die ich trage? Entspricht mir das, bin ich das? Und wenn nicht, warum tue ich mir das an? So können Sie einen Aspekt nach dem anderen aus Ihrem Leben entfernen, mit dem Sie nicht mehr im Einklang sind.

Seien Sie dabei ganz streng: Gehen Sie einmal als Bewusstsein durch Ihre Wohnung und prüfen Sie, zu welchen Dingen in Ihrer Wohnung Sie eine Beziehung haben. Alles, zu dem Sie keinen Bezug haben und das Sie ein Jahr nicht benutzt haben, geben Sie weg. Beschränken Sie sich auf das Wesentliche, die Dinge, die Sie wirklich brauchen und die Ihnen etwas bedeuten. Erwerben Sie wieder die Fähigkeit, die jedes Kind hat, eine persönliche Beziehung zu Dingen einzugehen und loszulassen, was nicht mehr zu Ihnen gehört. Schaffen Sie also so eine klare Umgebung aus Dingen, die Ihnen etwas bedeuten. Dann, in diesem Bewusstsein, lernen Sie wieder, Muße zu haben. Prüfen Sie einmal, ob Sie es überhaupt noch können. Muße haben heißt, nichts zu tun. Es heißt nicht fernsehen, Musik hören oder Ähnliches, sondern zum Fenster hinausschauen und in sich eintauchen, mit sich sein. Sind Sie sich selbst ein guter Gesellschafter? Genügen Sie sich als Gesellschafter? Sind Sie sich selbst ein wirklich guter Freund? Wenn Sie es bisher nicht waren, sein Sie es ab jetzt. Stellen Sie sich vor, Sie sind Ihr bester Freund. So helfen Sie sich, so zu sein wie Sie sein sollten. Sie haben jetzt gerade einen entscheidenden Schritt dazu getan. Sie sind sich selbst begegnet. Sie haben angefangen, wirklich im Einklang mit sich selbst zu sein und damit sind Sie auf dem besten Weg zum Lebenskünstler. Bringen Sie ruhig auch einmal das Gespräch in Ihrem Bekanntenkreis auf dieses Thema. Finden Sie heraus, welcher Ihrer Bekannten noch zu Ihnen gehört. Dabei werden Sie vielleicht erschreckt feststellen, dass ein großer Teil nicht mehr zu Ihrem Leben passt. Haben Sie den Mut, ihn loszulassen.

Wenn Sie unsicher sind in irgendeiner Frage, können Sie den Armtest als Entscheidungshilfe verwenden. Für diejenigen, die das noch nicht kennen, möchte ich es einmal erklären. Nehmen wir an, Sie stehen vor einer Alternative, obwohl wir tatsächlich niemals im Leben etwas zu entscheiden haben. Wenn uns die Entscheidungsmöglichkeit, die Alternative, bewusst wird, dann deswegen, weil wir uns klar sind, wofür wir uns bereits entschieden haben. Die Frage taucht demnach nur auf, damit uns die Antwort bewusst wird.

Wenn Sie also vor irgendeiner Frage stehen, Sie brauchen sie nicht einmal auszusprechen, sondern sich nur ins Gedächtnis zu rufen, dann machen Sie mit Hilfe einer anderen Person einfach den Armtest. Sie strecken den linken oder rechten Arm, je nachdem, in welchem Arm Sie mehr Kraft haben, in die Waagrechte aus und lassen erst einmal Ihre Kraft testen, indem die andere Person Ihren Arm niederzudrücken versucht und Sie dagegen drücken. Dann denken Sie an Ihre Frage und lassen die andere Person Ihren Arm noch einmal herabdrücken. Nehmen wir an, Sie wollen wissen, ob sich eine Beziehung erfüllt hat oder ob es Zeit wäre, diese zu beenden. Der Arm weiß natürlich nicht, ob die Beziehung beendet ist oder nicht. Der Arm weiß nicht, ob ich diese Wohnung nehmen soll oder ob das die richtige Stelle für mich ist. Genauso wenig wie der Zeiger Ihrer Uhr weiß, wie spät es ist. Er zeigt einfach nur an und Sie erkennen, dass es jetzt gleich halb zwölf ist. Genauso zeigt auch der Arm nur an und deswegen nehme ich erst einmal Maß, wie viel Lebenskraft im Moment durch mich fließt. Wie verändert sich das jetzt, wenn ich die Beziehung ins Bewusstsein nehme? Stärkt mich das? Dann gehört es zu mir. Schwächt mich das? Dann gehört es nicht mehr zu mir. Allein diese Stärkung oder Schwächung registrieren wir. Schlussendlich müssen wir aber den Mut haben, den Rucksack der Vergangenheit auszuziehen, denn sonst ist die Übung sinnlos.

Fangen Sie jetzt an zu leben und warten Sie nicht auf irgendwann

Wichtig ist nur eines: Warten Sie nicht mehr mit leben bis morgen oder demnächst oder wenn es so weit ist. Die meisten Menschen fangen dieses Spiel schon als Kleinkind an. Sie sagen: »Wenn ich mal in den Kindergarten darf und dann den ganzen Tag mit den anderen Kindern spiele, dann bin ich glücklich.« Dann gehen sie endlich in den Kindergarten, dort sind aber ein paar Raufbolde, es gibt Schlägereien und Ärger und sie sagen: »Wenn ich groß bin und zur Schule gehe, das wird schön.« Ein paar Jahre später in der Schule ist auch nicht alles Gold was glänzt und dann sagen sie: »Wenn ich erst mal die olle Penne hinter mir habe, dann geht es erst richtig los.« Eines Tages schließlich haben sie auch die Schule hinter sich, kommen in die Lehre oder studieren und müssen erkennen, dass die Lehre oder das Studium auch nicht das ist, was sie sich erträumt haben. Sie denken nun, dass sie dann endlich glücklich sind, wenn sie das Studium oder die Lehre hinter sich haben. Irgendwann haben sie das auch geschafft und sagen: »Wenn ich jetzt noch im Beruf Tritt gefasst habe und erfolgreich bin, dann bin ich glücklich.« Wieder ein paar Jahre später, wenn sie auch das erreicht haben, sagen sie sich: »Wenn ich jetzt noch einen Partner habe, mit dem ich das teilen kann, bin ich endlich glücklich.« Wenige Zeit später haben sie auch den Partner gefunden, aber wieder denken sie: »Wenn wir jetzt noch ein Kind hätten, das uns verbindet, das aus uns entstand, dann wären wir wirklich restlos glücklich.« Doch jetzt beschweren sich die Nachbarn, weil das Kind nachts schreit und dergleichen und sie denken: »Wenn wir jetzt noch ein eigenes Häuschen hätten, damit wir nicht mehr auf andere Leute Rücksicht nehmen müssen, das wäre toll und dann sind wir wirklich glücklich.« Ein paar Jahre später haben sie auch ein eigenes Häuschen und es sind noch zwei Kinder dazu gekommen, aber Sie überlegen weiter: »Wenn jetzt erst einmal die Kinder aus dem Haus sind, damit wir mehr Zeit für uns haben und man zur Ruhe kommt, dann sind wir glücklich.« Nach ein paar Jahren sind die Kinder schließlich aus dem Haus und nun sagen sie sich: »Wenn wir jetzt noch das Haus abbezahlt haben, damit wir uns keine Sorgen mehr zu machen brauchen, dann sind wir glücklich.« Wieder ein paar Jahre später haben sie auch das Haus abbezahlt, aber glücklich sind sie immer noch nicht – nur alt sind sie inzwischen geworden und das Leben ist so gut wie vorbei. Sie haben das Glücklichsein stets hinausgeschoben und es von äußeren Umständen abhängig gemacht.

Diesen Fehler sollten Sie jetzt, in diesem Augenblick beenden. Das heißt ganz konkret: Fangen Sie jetzt an zu leben! Machen Sie sich einmal bewusst, was Sie mit dem Begriff Leben verbinden. Was bedeutet Leben für Sie ganz konkret? Wollten Sie schon immer mal mit dem Fahrrad durch die Provence radeln? Oder in Ruhe angeln gehen? Oder reiten, ein fernes Land kennen lernen oder einfach mal einem Menschen wirklich begegnen?

Fangen Sie doch endlich an, diese Träume zu realisieren! Geben Sie sich die Chance, dass das jetzt und heute geschieht! Machen Sie sich bewusst, wann Sie das tun können. Warten Sie nicht mehr bis morgen, morgen ist nämlich nie! Leben geht nur jetzt. Werden Sie einfach heute schon Meister in der Kunst, Ihr eigenes Leben zu erfinden.

Stellen Sie sich vor, Sie müssten das Drehbuch für Ihr Leben schreiben. Sie sind Regisseur und bisher ist es gelaufen, Sie kennen Ihr Leben bis zu diesem Augenblick und jetzt sollen Sie das Drehbuch von heute bis zum Schluss, bis zum Ende Ihres Lebens schreiben. Sie beginnen heute mit dem ersten Tag vom Rest Ihres Lebens. Was würden Sie noch gerne erleben? Welche Ereignisse sollten stattfinden? Welche Begegnungen? Wie reich wollen Sie werden? Wie gesund wollen Sie werden oder bleiben? Wie glücklich wollen Sie sein und vieles mehr. Sie schreiben all das in das Drehbuch Ihres Lebens.

Mit Hilfe dieses Buches lernen Sie, wie man es verwirklicht. Sie gewinnen beispielsweise sehr viel Zeit zum Leben, indem Sie Ihren Fernseher abschalten. Wenn Sie sich einreden, dass Sie das Gerät nur für wichtige Sendungen einschalten, ist das Selbstbetrug. Das funktioniert nicht. Es gibt keine wichtigen, besonderen Sendungen oder alles sind wichtige, besondere Sendungen. Aber wenn Sie mehr Zeit zum Leben brauchen, dann wäre es gut, den Fernseher einige Zeit – und damit meine ich einige Monate – nur äußerst selten oder besser überhaupt nicht zu benutzen. Auf einmal haben Sie abends wieder frei und Sie schauen sich vielleicht um in Ihrer Familie und sagen: »Gott, sind die Kinder groß geworden.« Sie sind nicht länger eine Familie, die nicht miteinander spricht und sich stattdessen im Fernsehen Familien ansieht, die noch miteinander reden. Sie fangen wieder an zu leben und plötzlich ist der Tag viel länger. Sie haben wieder Zeit, abends ein Buch zu lesen, spazieren zu gehen und sich zu begegnen. Bei den meisten Menschen ist Leben nämlich das, was geschieht, während sie anderweitig beschäftigt sind und das sollten Sie beenden. Lernen Sie, die ganz kleinen Dinge zu einem Ritual zu erheben und werten Sie die ganz unbedeutenden Kleinigkeiten des Lebens auf zu etwas ganz Besonderem. Dies geschieht nur dadurch, indem wir dem, was wir gerade tun, unsere ungeteilte Aufmerksamkeit schenken, indem wir regelrecht verschmelzen mit unserem Tun. Plötzlich sind die Kleinigkeiten etwas Besonderes.

Machen Sie sich in diesem Zusammenhang genauso Folgendes bewusst: Die Karriereleiter führt nirgendwo hin. Nur ans Ende. Vielleicht haben Sie Karriereziele. Vielleicht haben Sie noch eine Reihe von Sprossen vor sich, werden Sachbearbeiter, Abteilungsleiter, Filialleiter oder Direktor. Vielleicht erreichen Sie das alles im Leben und die Menschen in Ihrem Umfeld beneiden Sie, weil Sie »vorwärts« gekommen sind, weil Sie alles verwirklicht haben. Aber Sie erkennen, jetzt gibt es keine nächste Sprosse mehr. Da kommt nichts mehr, Feierabend da oben. Unten sägen alle an meinem Stuhl und ich kann nirgendwo mehr hin. In solch einer Situation können Sie sich fragen: »Bin ich eigentlich glücklich, dass ich da ›oben‹ bin? Wollte ich das überhaupt wirklich? Ist das für mich tatsächlich die Erfüllung?« Wenn ja, dann genießen Sie es. Aber die meisten werden erkennen: »Das hatte ich mir eigentlich erfüllender vorgestellt. Das war gar nicht das, was ich wirklich wollte.« Dann erwischen Sie sich vielleicht dabei, dass Sie Direktor werden wollten, weil Sie wer sein wollten, doch das wird man nicht durch eine Beförderung. Wenn Sie aber Sie selbst sind, sind Sie das Höchste, was man in diesem Universum sein kann. Mehr gibt es nicht. Gehen Sie gerade jetzt noch einmal in den Einklang mit sich selbst und spüren Sie diesen.

Ich erinnere mich noch, vor vielen Jahren, als ich noch Hypnosetherapeut war, hatte ich einem Generalbevollmächtigten eines Konzerns mit Hilfe der Hypnose geholfen, sich das Rauchen abzugewöhnen und er sagte: »Das ist ja unglaublich. Ich habe ja überhaupt kein Bedürfnis mehr zu rauchen, im Gegenteil, ich habe eine Abneigung, wenn ich daran denke, dass ich einmal geraucht habe. Ich bin froh, dass das hinter mir liegt. Ich glaube wirklich, dass man mit Hypnose fast alles erreichen kann.« Ich war gerade übermütig und fragte: »Was meinen Sie mit fast?« »Na ja«, meinte er, »es gibt zweifellos Dinge, die können Sie mir auch unter Hypnose nicht einreden.« Ich fragte ihn, was das denn sein könnte. »Ja«, sagte er, »mir fällt gerade etwas ein: Jeden Donnerstag werden bei uns die Mülltonnen geleert und jeden Donnerstag wieder das gleiche Zeremoniell: Ich habe einen Chauffeur, ich habe einen Gärtner, ich habe ein Dienstmädchen und ich habe einen Sohn. Der Chauffeur ist gerade mit meiner Frau unterwegs in der Stadt, der Junge ist beim Sport, das Dienstmädchen hat frei und ich muss wieder einmal die Mülltonne rausfahren und stelle mir jedes Mal vor, wie viel Personal ich noch haben müsste, um nicht donnerstags immer die Mülltonne rausfahren zu müssen. Denn es sind 150 Meter, wir haben einen langen Kiesweg bis vorne zur Straße und jedes Mal ärgere ich mich. Das können Sie mir mit Hypnose bestimmt nicht einreden, dass ich mich da nicht mehr ärgere.« Da habe ich gesagt: »Das möchte ich gerne versuchen, ich habe so etwas noch nie gemacht.«

Dann habe ich ihm suggeriert, dass ihn das Herausfahren der Mülltonne nicht nur nicht stört, sondern ihm sogar Freude bereitet. Da ist etwas passiert, weswegen mir dieser Vorfall unauslöschlich im Gedächtnis geblieben ist. Eine Woche später rief er mich an und sagte: »Herr Tepperwein, wir sind gerade in einer wichtigen Vorstandssitzung. Wir legen das Modell für die nächsten Produktplanungen für die kommenden fünf Jahre fest, aber immer wieder kommt mir in den Sinn, dass heute Donnerstag ist und ich deshalb die Mülltonne herausfahren darf!«

Dies ist ein Beispiel dafür, dass es ausschließlich auf unsere Einstellung ankommt. Ich kann etwas ablehnen und kann mich schon ärgern, bevor das ärgerliche Ereignis überhaupt eintritt. Ich kann den ganzen Tag die Mülltonne in Gedanken herausfahren, bis ich sie dann wirklich zur Straße fahren muss und dadurch habe ich mich x-mal darüber geärgert. Viele wärmen so ihren Ärger auf. Sie ärgern sich also irgendwo, dann kommen sie zur Arbeit, wo sie ihren Kollegen erzählen, worüber sie sich gerade geärgert haben und dann vergessen sie es allmählich. Aber wenn sie abends nach Hause kommen, dann erzählen sie es ihrer Frau und dann regen sie sich erneut darüber auf, worüber sie sich geärgert haben. Sie wärmen also jeden Ärger wiederholt auf, damit sie sich auch so richtig aufregen können. Doch genau das sollten Sie nicht mehr tun.

Es ist unglaublich, aber machen wir uns einmal bewusst, wie so etwas anfängt. Es beginnt damit, dass ich mich ärgere. Jedes Mal, wenn ich mich ärgere, und wenn auch nur ein ganz kleines bisschen, habe ich Aggressionspotential auf dieses Bankkonto Disharmonie und Unfrieden eingezahlt. Ich stelle zum Beispiel fest, dass die Ausländer sich anders verhalten, sie kleiden sich anders und haben andere Gewohnheiten. Das ist einem lästig. Sie sind auch so laut und rotten sich immer zusammen. Im nächsten Schritt lehne ich dann auch meine eigenen Landsleute ab, denn die sind ja auch nicht besser. Sie denken alle nur an sich und sind unglaublich egoistisch. Irgendwann lehne ich alles möglich ab. Was ich damit gerade tue, ist den Anfang eines Krieges schaffen. Das wird zwar lange dauern und ich kann es auch alleine nicht schaffen, aber ich habe ja viele Helfer. Meine Mitmenschen arbeiten schließlich alle mit und irgendwann hat sich nach dem Gesetz der Energie Ihr Umfeld wie eine Gewitterwolke mit negativen Schwingungen voll gesaugt und muss sich dann in »Regen« entladen. Das muss jetzt raus.

Das alles haben wir in der Hand. Aber wir haben es auch in der Hand, von diesem Augenblick an, das Gegenteil zu tun. Wenn wir in unserem Bewusstsein durch unser Leben gehen, gibt es keine Ablehnung mehr. Denn wir sind alle eins. Wir leben miteinander. Einer ist vielleicht weniger erwacht, er ist unhöflich, egoistisch oder wie auch immer. Das ist sein Recht, so zu sein. Es gibt keinen Grund, ihm böse zu sein, sondern er braucht eher unsere Hilfe. Also sind wir voller Verständnis. Sein Benehmen berührt uns nicht und wir sind nicht beleidigt, gekränkt oder verletzt. Das geht alles nicht mehr. Als Sie selbst ist das nicht möglich. Sie selbst können nicht beleidigt oder gekränkt sein, denn gekränkt ist immer nur ein Ich. Wann immer Sie gekränkt oder beleidigt sind, sind Sie gerade wieder in der Identifikation mit der Persönlichkeit. Wenn Sie sie selbst sind, hören all diese Lektionen auf.

In diesem Bewusstsein erkennen Sie: Nichts und Niemand auf der Welt hat die Macht, mich zu ärgern. Das Selbst ärgert sich nicht. Sie sind frei. Jetzt. Und da Sie doch gelegentlich wieder einmal in die Persönlichkeit rutschen, lernen Sie, sich nicht mehr zu ärgern durch mentales Vorauserleben der Situation. Wie bleibe ich bei Bewusstsein in ärgerlichen Situationen? Wenn Sie dreißig Situationen durchlebt haben, ohne sich zu ärgern, haben Sie es geschafft. Das geht ganz schnell. Denn wir ärgern uns schließlich nach einem inneren Bild. Wir haben ja ein Verhaltensmuster, das in einem Bild im Unterbewusstsein gespeichert ist. Wenn Sie Ihrem Unterbewusstsein etwa dreißig Mal ein neues Verhaltensbild zu diesem Punkt geben, wird diese alte Verhaltensweise gelöscht und durch die neue überschrieben. Eines Tages fällt Ihnen dann vielleicht bei einer ärgerlichen Situation ein: »Eigentlich war das doch jetzt ärgerlich. Aber ich habe mich ja gar nicht geärgert. Ich registriere nur im Verstand, dass das eine ärgerliche Situation war. Mehr nicht.« Das Gemüt bleibt unbewegt, weil dieses Bild nichts mehr auslöst. Sie haben Ihr Verhaltensmuster bewusst geändert und es losgelassen.

Nehmen wir ein ganz einfaches Beispiel: Ärgern Sie sich gelegentlich noch? Ich tue das schon lange nicht mehr, ich habe mich das letzte Mal am 23. Dezember 1979 geärgert, ich erinnere mich noch sehr genau daran. Aber ich werde mich ganz sicher nie mehr ärgern, warum sollte ich mir das antun? Denn mit Ärger bestrafen wir uns für die Unzulänglichkeiten anderer Menschen oder dafür, dass wir nicht einverstanden sind. Aber wenn man sich gerade ärgert, ist es schon zu spät. Sie müssen das also ändern, wenn Sie gerade nicht verstimmt sind, denn dann haben Sie die Chance, das Ärgern abzustellen. Stellen Sie sich doch einmal ganz konkret eine Situation vor, die Sie bis jetzt noch geärgert hätte. Schließen Sie die Augen und stellen Sie sich irgendeine sehr ärgerliche Situation vor, vielleicht sogar eine, die noch gar nicht passiert ist, aber passieren könnte. Wenn Ihnen etwas eingefallen ist, dann visualisieren Sie dieselbe Situation, ohne sich zu ärgern. Erleben Sie sich also in der Situation ohne Ärger.

Stellen Sie sich einmal vor, es sei Sonntag. Sie fahren mit Ihrem Auto auf der Hauptstraße, Sie fahren rechts, Sie fahren korrekt fünfzig, sind gut gelaunt und Ihre Welt ist rundum in Ordnung. Da kommt von links ein Fahrer und nimmt Ihnen die Vorfahrt. Sie müssen eine Notbremsung machen und können gerade noch Millimeter vor dem anderen zum Stehen kommen, rutschen quer, während der andere weiter fährt und sich gar nicht darum kümmert, vielleicht hat er die Situation nicht einmal bemerkt. Sie aber ärgern sich grün und blau und würden dem anderen Autofahrer am liebsten gehörig die Meinung sagen. Solch eine Situation ist sicher jedem schon einmal so in etwa passiert.

Nun nehmen wir aber einmal an, Sie würden rechtzeitig zur Besinnung kommen, also den Ärger gar nicht erst richtig aufkommen lassen. Sie fahren rechts an den Straßenrand, bleiben stehen und erleben die Situation noch einmal. Aber jetzt reagieren Sie einmal entgegengesetzt, klopfen sich auf die Schulter und sagen: »Donnerwetter, damit musste ich doch jetzt nicht rechnen. Trotzdem habe ich schnell und richtig reagiert, habe dem anderen Autofahrer und mir viel Ärger erspart, mit der Versicherung, der Werkstatt, Wertminderung am Auto,

Ausfall, Lauferei, vielleicht sogar Krankenhaus und Verdienstausfall. Alles nur, weil ich schnell und richtig reagiert habe.« Und Sie freuen sich noch zwei Stunden über Ihre schnelle und richtige Reaktion. Das ist zumindest genauso berechtigt, wie die andere Verhaltensweise, nur sehr viel sinnvoller und wenn Sie wollen, können Sie jetzt ein für allemal den Ärger beenden, denn Ärger ist nutzlos und deshalb überflüssig.

Sie sehen also, es kommt auf unsere Einstellung zu den Dingen an und dann werden Sie sehen, dass Sie sich gar nicht zu ärgern brauchen. Irgendwann, früher oder später, werden Sie erkennen: Was hinter uns liegt, ist vorbei und es kommt auch nie mehr wieder, es ist zudem auch unbedeutend im Verhältnis zu dem, was vor uns liegt. Aber auch das, was vor uns liegt, ist winzig im Verhältnis zu dem, was in uns liegt. Zu entdecken, was in uns liegt und damit optimal zu genießen, was vor uns liegt, das ist Sinn und Zweck dieses Buches.

Das Gleiche gilt für die Vergangenheit. Lassen Sie sie los. Die Vergangenheit ist vorbei und kommt nie mehr wieder. Also, gibt es irgendetwas aus der Vergangenheit, das Sie noch belastet und bedrückt? Streichen Sie es einfach ersatzlos. Sie haben nichts mehr damit zu tun. Egal, ob es Ihnen gefällt oder nicht. Es ist vorbei und kommt nicht mehr wieder. Ganz gleich ob Sie sagen: »Ich habe in der Vergangenheit zu viele Fehler gemacht und hätte gerne so manches anders gelöst.« Es ist nicht mehr zu ändern, also können Sie es auch loslassen. Sie können bestenfalls daraus lernen, es jetzt anders zu handhaben.

Vertrauen Sie Ihrer Intuition

Die folgende Übung ist die Einzige, die Sie unendlich oft in dem Leben, das vor Ihnen liegt, wiederholen sollten. Mehrmals am Tag, wenigstens jede Stunde, sollten Sie sich erinnern: »Bin ich noch bei Bewusstsein? Lebe ich noch als ich selbst oder bin ich wieder abgerutscht in die Persönlichkeit, ins Ich, in den Verstand?« Dann können Sie sich sofort wieder an sich selbst erinnern und wieder als Sie selbst leben. Wenn Sie bei Bewusstsein sind, dann machen Sie sich auch bewusst: »Welche Art Lebenskünstler bin ich eigentlich?« Der häufigste Lebenskünstler kann der Lebenskünstler-Manager sein. Der Macher, der die Dinge zurechtrückt, stimmig macht, dem alles gelingt, dem alles leicht von der Hand geht, der die richtigen Einfälle hat und für alles eine Lösung findet. Er lebt aus der Intuition.

Das wäre jetzt der nächste Schritt: In diesem Bewusstsein sind Sie empfänglich für Intuition, Sie sind offen. Nehmen Sie doch einmal irgendeine Frage in Ihr Bewusstsein. Etwas, das Sie interessiert. Suchen Sie nicht nach einer Antwort. Bewegen Sie nur die Frage im Abstand von zehn Sekunden etwa zwanzig bis dreißig Mal in Ihrem Bewusstsein. Lauschen Sie also nach innen, nicht krampfhaft, nicht wie aus dem Verstand heraus, sondern tun Sie einfach nichts. Sie richten lediglich Ihr Bewusstsein nach innen und nehmen die Antwort wahr. Wenn Ihnen etwas einfällt, schreiben Sie es auf. Dann lauschen Sie wieder und Ihnen wird wieder etwas einfallen und wieder und wieder. Bis Sie auf einmal bemerken: »Ich bin in ständigem Kontakt mit der Intuition. Jetzt lebe ich wirklich als Bewusstsein.« Folglich haben wir eigentlich schon die wichtigsten Voraussetzungen für einen Lebenskünstler geschaffen.

Vielleicht sind Sie auch der Lebenskünstler-Goldsucher, der ständig nach Erkenntnissen sucht, nach Weisheit. Möglicherweise sind Sie der Lebenskünstler-Tänzer oder die Tänzerin, die Lebenskunst in Bewegung umsetzen. Vielleicht finden Sie sich aber auch im Lebenskünstler-Musiker wieder, der sein Leben komponiert. Erkennen Sie Ihre persönliche Art, Lebenskünstler zu sein.

Fast alle Menschen, die mit Ihrem Leben nicht zufrieden sind, neigen dazu, die äußere Form um jeden Preis zu verändern. Sie wechseln den Arbeitsplatz, den Partner oder die Lebenssituation. Doch all das bringt keine Erfüllung. Der einzige Weg ist es, sich selbst zu verändern. Sie müssen vom Ich zum Selbst wechseln, die Identifikation wechseln, denn die Identifikation mit meiner Persönlichkeit, mit meinem Verstand und mit meinem Körper hat mich schließlich in meine Schwierigkeiten gebracht. Sie macht mir die Probleme, die ich jetzt habe. Nun erkenne ich, das alles bin ich nicht. Ziehen Sie einfach einmal Ihre Persönlichkeit aus wie die Bekleidung, die Sie tragen und erkennen Sie: Sie sind eigenschaftsloses Sein. Sie haben eine Persönlichkeit, aber Sie sind keine und Sie brauchen auch die meiste Zeit keine. Sie können einfach Sie selbst sein – eigenschaftslos und frei. Wann immer Sie eine Persönlichkeit brauchen, können Sie Ihre benutzen oder sich einfach eine neue erschaffen.

Als Bewusstsein könnten Sie jetzt Ihre Wunsch-Autobiographie schreiben, schriftlich in den nächsten Tagen über mehrere Seiten: Wie geht Ihr Leben weiter? Stellen Sie sich nun vor, Ihr Leben soll als Buch veröffentlicht werden und Sie sind wieder der Autor oder der Regisseur. Bis zum heutigen Tag, bis zu diesem Zeitpunkt, ist das Buch geschrieben. Wie aber geht es jetzt weiter? Wie geht dieses Buch weiter? Was passiert mir noch oder wie alt werde ich noch? Was glauben Sie, von was Ihr Alter abhängt? Dieses Bewusstsein, das da frei von Raum und Zeit ist, war noch nie krank und wird auch nie krank werden. Solange Sie in der Identifikation mit diesem Bewusstsein bleiben, geschieht im gleichen Augenblick Heilung in Ihrem Körper, denn der Körper spiegelt nur Ihr Bewusstsein wider. Wenn Sie in diesem Bewusstsein bleiben, verschwindet Krankheit und kommt nie mehr wieder. Sie ist nicht mehr erforderlich, denn Krankheit zeigt immer nur an, dass da etwas nicht stimmt. Ein weiterer Grund also, bei Bewusstsein zu bleiben und ständig, 24 Stunden lang, Heilung geschehen zu lassen, um abends einzuschlafen als Sie selbst und morgens aufzuwachen als Sie selbst.

Ich muss zu meiner Schande gestehen: Mir gelingt es noch immer nicht ständig, vor allem wache ich morgens immer wieder einmal auf und bin nicht ich selbst. Ich bin dann Persönlichkeit, bin Ich, habe geträumt, Gedanken gehabt und muss mich erst wieder erinnern, wer ich bin. Ich muss zu mir zu Bewusstsein kommen, zu mir zurückfinden, um den Tag als ich selbst zu beginnen. Es gibt also noch Zeiten, in denen Disharmonie vorherrscht und Krankheit entstehen könnte. Ich bin dabei, das aufzulösen. Es gibt dagegen aber auch ganze Nächte, in denen ich voll bewusst bin. Der Körper schläft, aber ich bin wach, ich bin da und nehme wahr. Ich kann dem Körper zuschauen wie er schläft. Aber es gibt eben auch Situationen, da wache ich morgens auf und war nicht bewusst. Sobald wir dies allerdings gänzlich erreicht haben, ist Krankheit endgültig vorbei, denn der Körper kann von sich aus nicht krank werden. Der Körper spiegelt nur die Harmonie oder Disharmonie Ihres Bewusstseins wider.

Optimieren Sie Ihr Bewusstsein

Schauen Sie einmal hin: In welchem Bewusstsein sind Sie gerade? Sie brauchen nichts zu verbessern und nichts zu verändern. Nehmen Sie lediglich einmal wahr, ob Sie in der Persönlichkeit, im Ich oder im Verstand sind. Sind Sie da ein bisschen? Wenn Sie wahrgenommen haben, wo Sie sind, dann optimieren Sie jetzt einmal Ihr Bewusstsein. Sie sind ein Energiemensch, zwei Meter groß mit einem etwas kleineren Körper, den er umhüllt und durchdringt. Mit ihm geht er um, aber Sie können ja darüber hinaus. Also, nehmen Sie einmal Ihre Zweimeterposition ein, dann kann man es sich am leichtesten vorstellen. Jetzt gehen Sie in diesem Bewusstsein in die Eigenschaftslosigkeit. Sie sind dort ohne Persönlichkeit. Sie haben keine Eigenschaften. Sie können jede Eigenschaft annehmen, aber Sie haben keine. Dennoch haben Sie alle Möglichkeiten, da Sie einfach offen sind für alles. Es ist wie ein Klavier mit schwarzen und weißen Tasten und Sie haben noch keinen Ton angeschlagen. Sie sind nur bereit für jede Melodie. Genauso ist Ihr Bewusstsein bereit für jede Betonung. Sie können jede Eigenschaft annehmen oder loslassen. Sie können jede Rolle spielen. Aber Sie sind dieses umfassende Bewusstsein.

Jetzt versuchen Sie einmal dieses mentale Vorauserleben: Stellen Sie sich wieder vor, es ist morgens und Sie sind gerade aufgewacht, nicht durch den Wecker, sondern ganz von selbst. Stellen Sie sich weiter vor, mit einem Auge haben Sie geschaut, ob die Welt noch da ist und jetzt erinnern Sie sich an sich selbst. Sie machen sich bewusst, wer Sie sind. Der Zweimetermensch erwacht und geht über den Körper hinaus. Sie sind gerade zu Bewusstsein gekommen und Sie sind wieder Sie selbst.

Das tut gut und Sie sollten es jeden Morgen tun. Nun lassen Sie gerade einmal Heilung in Ihrem Körper geschehen. Sie liegen noch in Ihrem Bett, aber Sie sind hellwach und Sie sind Sie selbst, zwei Meter groß. Dieser Energiekörper, der völlig heil ist, wirkt jetzt auf den physischen Körper, durchdringt ihn und Sie lassen Heilung geschehen. Spüren Sie es! Sie sind bei Bewusstsein und dieses Bewusstsein, das Sie sind, das vollkommen ist, wirkt jetzt heilend auf Ihren Körper. Sie können diese Heilkraft auf einen bestimmten Punkt lenken, auf eine Schwachstelle vielleicht, oder den ganzen Körper überfluten mit diesem heilenden Bewusstsein. Jetzt spüren Sie, wie Heilung geschieht. Nicht eine Wunderheilung, die in wenigen Sekunden alle Symptome verschwinden lässt, sondern ein ständiges Heilungsfeld, das dafür sorgt, dass der Körper harmonischer wird, immer heiler wird, dass sich Krankheit einfach in diesem heilen Bewusstseinsfeld nicht halten kann, verschwindet und nie mehr auftauchen kann. Vorausgesetzt, Sie bleiben zwei Meter groß und in diesem Bewusstsein, denn in diesem Bewusstsein können Sie nicht krank werden. Nur in diesem Bewusstsein! Als Ich, als Persönlichkeit können Sie nicht wirklich heil sein, nicht wirklich gesund sein, auch wenn Sie gerade kein Symptom haben. Aber als dieses Selbst, als dieses Bewusstsein, löst sich Krankheit auf und kann nicht wieder aufkommen.

Während Sie Heilung jetzt geschehen lassen, spüren Sie einmal: Sie sind der Mittelpunkt des Universums. Das ganze Universum ist um Sie herum und Sie sind eins mit dem Ganzen. Im Bewusstsein sind Sie eins. Da Sie ganz Bewusstsein sind, sind Sie auch ganz eins mit dem Universum. Jetzt stellen Sie sich vor, was am heutigen Tag vor Ihnen liegt und gehen Sie einmal im Erleben, als Bewusstsein, durch diesen Tag. Machen Sie sich dabei bewusst: Ich bin in meinem Körper. Ich bin ganz da, wo mein Körper ist. Ich bin im Einklang mit meinem Körper. Spüren Sie den Einklang, denken Sie nicht nur daran, das Denken können Sie jetzt ohnehin sein lassen. Sie sind beschäftigt. Sie sind.

Wenn Sie in diesem Augenblick bleiben, dann ist der Seinszustand des Humors für Sie natürlich. Nicht umsonst heißt es: Mit Humor geht alles besser. Witz, Komik, Ironie und Satire sind zwar die Geschwister des Humors, der Humor aber ist der freundlichste, bescheidenste und wohl auch leiseste von allen. Er ist immer gutartig, so dass er sich mehr Freunde schafft, als ein scharfer Witz. Humor ist eine menschliche Grundhaltung, die auch das Schwierige mit heiterer Gelassenheit und Souveränität betrachtet. Wenn man Glück hat, ist Humor im Rucksack des eigenen genetischen Erbes enthalten. Wenn nicht, kann man ihn jederzeit in sich entdecken, entwickeln und sich an ihn erinnern. Humor ist eine ganz besondere Art, die Wahrheit und Wirklichkeit zu sehen. Er ist eine spielerische Art, mit den Dingen umzugehen, ganz gleich wie ernst und bedeutend sie sich geben. Zudem ist Humor immer ein Schritt auf dem Weg zu sich selbst, denn er ist die Erkenntnis, dass das Leben in Wirklichkeit ein Spiel ist, das mir zur Freude gespielt wird. Wann immer ich mich nicht freue, mache ich gerade etwas falsch. Die Abwesenheit von Freude ist eine Botschaft, die mir sagt: »Du machst gerade einen Fehler. Du bist nicht du selbst. Schau mal hin.« Wissen Sie übrigens, bei welchen Losen es die meisten Nieten gibt? Bei den Humorlosen. Humor ist eine köstliche, meist unerwartete Art, dem anderen die Wahrheit zu sagen. Humor ist wie ein Spiegel, der zeigt, was wesentlich und was unwesentlich ist.

Eine Folge des Humors ist das Lachen. Lachen ist loslassen von Unwesentlichem, vom Ego, von Schwierigkeit, von Ballast, von Persönlichkeit und bedeutet somit eine Hinwendung zum Wesentlichen, zur Leichtigkeit des Seins. Humor ist sanft und aufbauend, aber zugleich ein kraftvoller Weg zu innerer Freiheit und Heilsein, weil er wieder in die Unmittelbarkeit und Ganzheit des Lebens führt. Er ist eigentlich unverzichtbar und das Schöne ist, Humor kann nicht überdosiert werden. Was also hindert Sie, von nun an humorvoll zu leben? Ganz gleich, was geschieht, nehmen Sie's leicht – denn es ist leicht. Sie allein entscheiden, wie schwer oder wie leicht etwas ist im Leben.

Nun schauen wir noch einmal, wie es um unsere augenblickliche Resonanzfähigkeit bestellt ist. Was ziehen Sie derzeit mit dem Bewusstsein an, in dem Sie jetzt sind? Wie gesund empfinden Sie sich in diesem Augenblick? Wie gesund sind Sie? Wenn Sie im Selbst sind, müssen einhundert Prozent dabei herauskommen, denn das Selbst ist immer hundertprozentig gesund.

Das war jetzt natürlich ein Trick, mit dem ich Sie verleitet habe, auf die Persönlichkeit zu schauen. Die Persönlichkeit kann sich fühlen, wie sie will, aber Sie selbst sind vollkommen gesund. Jetzt kommt es darauf an, dass dieser vollkommen gesunde Mensch, der Sie sind, dieses vollkommen heile Bewusstsein den Körper benutzt und belebt. Sie identifizieren sich also nicht mehr mit dem Körper, denn der kann krank oder zumindest nicht vollkommen gesund sein. Denn wann immer Sie sagen, Sie seien krank oder nicht ausnahmslos gesund, meinen Sie Ihren Körper. Sie selbst aber sind zu jeder Zeit hundertprozentig gesund.

Schauen wir uns das einmal näher an: Wie alt sind Sie? Ich meine nicht Ihren Körper, sondern ich meine Sie, Ihr Bewusstsein. Es ist natürlich alterslos, aber übersetzen wir das nun in Lebensjahre, damit wir einen Maßstab haben. Versuchen Sie doch einfach, Ihr Selbst in einem Bereich von einhundert Jahren irgendwo einzuordnen. Das Bewusstsein hat natürlich kein bestimmtes Alter, aber als wie alt empfinden Sie es? Spüren Sie einmal Ihr Selbst und übersetzen Sie das in ein bestimmtes Alter. Wie alt ist das Selbst nun? – Das war wieder nur ein Beispiel, damit Sie einmal spüren und erkennen, in Wirklichkeit bin ich ohne Alter, ich habe kein Alter. Sie können sich fühlen wie 28, denn dieses Alter entspricht vielleicht am ehesten Ihrem Lebensgefühl. Ihr Körper ist dabei möglicherweise schon 50, aber Sie sind jung genug, stark genug, erwachsen genug, wissend genug und selbstständig genug, um sich wie 28 zu fühlen – nur eben noch nicht alt oder krank.

In Wirklichkeit sind Sie selbstverständlich ohne jedes Alter. Sie sind. Sie leben als Sie selbst.

Nun betrachten wir uns noch einen weiteren Aspekt: Wer bestimmt Ihr Leben? Ihr Verstand? Ihre Persönlichkeit? Ihr Partner? Ihre Umwelt, Ihr Sohn, die Familie, der Chef? Wer hat den größten Einfluss auf Ihr Leben? Sie sollten sich natürlich jetzt nicht in die Tasche lügen und sagen: »Ich höre auf meine innere Stimme und folge ihr.« Nein, sondern wie ist es wirklich? Wer bestimmt den größten Teil Ihres Lebens? Wenn es Stimmungen oder Gefühle sein sollten, die Ihr Leben bestimmen, wären Sie zu bedauern, obwohl dies bei allzu vielen Menschen tatsächlich der Fall ist; ich glaube sogar, dass die meisten aus Gefühlen und Stimmungen heraus leben. Vielleicht bestimmt aber auch Ihr Selbst Ihr Leben und das wäre wiederum wunderbar. Viele geben allerdings den Reaktionen ihrer Mitmenschen Raum und werden somit von diesen zumindest mitbestimmt. Aber wen interessiert das, wie die anderen reagieren? Natürlich immer nur Ihre Persönlichkeit. Sie selbst interessieren sich nicht dafür, Ihrem Selbst ist es gleichgültig, wie die anderen reagieren, denn Sie interessieren sich ausschließlich dafür, das Richtige zu tun. Die anderen können Sie anfeuern oder beschimpfen, das ist ausschließlich deren Problem und wann immer Sie das interessiert, sind Sie wieder in der Persönlichkeit. Sie selbst wollen allein stimmig handeln und Sie tun es auch.

Oder lassen Sie Ihr Leben vielleicht von Angst, von Ängstlichkeit bestimmen? Doch auch hier gilt wieder: Wann immer Sie Gefühle wie Angst, Depressionen oder schlechte Laune haben, sind Sie gerade wieder in der Persönlichkeit. Einem Selbst kann so etwas nicht passieren, das Selbst hat keine solchen Gefühle, es schaut lediglich zu, was das Gemüt für Gefühle hat. Für Gefühlsmenschen mag sich das jetzt sehr gefühllos anhören, herzlos und farblos. Aber die Glückseligkeit zum Beispiel, die höchste Freude, hat überhaupt nichts mit Gefühl zu tun, sie findet nämlich nicht im Gemüt statt, sondern in der Seele. Sie werden sehen, dass Gefühle durchaus verzichtbar sind, was nicht heißt, dass Sie auf Gefühle verzichten sollten. Sie können sogar Angst, Trauer oder Verzweiflung genießen, wenn Sie sie selbst sind und Sie sich nicht in der Angst und in der Verzweiflung befinden, sondern außerhalb stehen.

Stellen Sie sich einmal vor: Sie sind unsterblich. Sie waren immer und werden immer sein. Sie haben noch nie etwas besessen, deswegen können Sie auch nichts verlieren, denn alles was wir besitzen, sind Spielsachen des Lebens, die wir ohnehin hier zurücklassen müssen. Ob Sie viel zurücklassen oder wenig, spielt dabei überhaupt keine Rolle. Sie können Schulden hinterlassen, das spielt ebenso wenig eine Rolle. Das alles könnte man befürchten, aber es ist völlig ohne Bedeutung. Wenn Sie also Sie selbst sind, gibt es keine existentielle Angst mehr. Es gibt nur noch eine Angstresonanz, im Gemüt und in der Persönlichkeit. Es erreicht Sie allerdings nicht mehr, es ist vielmehr wie wenn Sie sich einen Film anschauen, in dem jemand Angst hat.

Leben Sie im Erfolgsbewusstsein

Betrachten wir einen weiteren Punkt: Lebe ich im Erfolgsbewusstsein? Das heißt, wenn Sie etwas anfangen, wie sicher ist es, dass es zum Erfolg führt? Meistens, selten oder eventuell? Wie sieht das bei Ihnen aus? Vielleicht sagen Sie ja: »Also, wenn es wirklich wichtig ist, dann schaffe ich das auch.« Dann erheben Sie ab jetzt einfach alles zu etwas Wichtigem, denn jeder Augenblick Ihres Lebens ist wichtig. Sie lassen einfach nicht zu, dass Sie anders leben als vollkommen bewusst.

Wir können dies sofort wieder einmal praktisch vollziehen. Wecken Sie erneut den Zweimetermenschen, den Energiekörper, öffnen Sie Ihr Kronenchakra und erheben Sie sich über Ihren Körper. Schauen Sie von dort oben auf Ihr Leben und spüren Sie: Das bin ich eigentlich. So bin ich unsterblich und ewig. Dieses Selbst, das ich bin, bewohnt diesen Körper. Ich nehme diesen Körper so wie er ist, aber ich lasse in meinem Körper Heilung geschehen. So wie ich mein Auto pflege, pflege ich diesen Körper. Ich pflege diesen Körper von außen, indem ich ihn wasche, mir die Zähne putze, aber vor allem pflege ich ihn von innen, indem ich ihn mit dieser inneren Heilkraft erfülle und Heilung geschehen lasse.

Spüren Sie einmal, wie alle Anstrengung von Ihnen abfällt, die Sie erlebt haben, als Sie eben im Verstand waren und Sie auf einmal wieder glasklar sind, ausgeruht sowie kein bisschen strapaziert. Vielleicht lesen Sie das am Abend, nach Feierabend, aber der Tag könnte gerade wieder neu beginnen, denn Sie sind frisch und bei Bewusstsein. Während Sie Ihren Körper heilen, schauen Sie einmal hin, wie es in Zukunft aussieht, wie erfolgreich Sie mit dem sind, was Sie beginnen. Dabei werden Sie erkennen, dass Sie in jedem einzelnen Fall erfolgreich sein werden, wenn Sie es nur wollen. Vielleicht könnten Sie jetzt eine unwiderrufliche Entscheidung treffen: Ab jetzt ist eine Sache, die Sie begonnen haben, erst beendet, wenn Sie sie erfolgreich abschließen können. Ohne Ausnahme, denn ein anderes Ende wird von Ihnen schlicht nicht mehr akzeptiert. Sie machen einfach weiter, bis Sie in jedem einzelnen Fall erfolgreich sind.

An diesem Punkt überlegen Sie im Bewusstsein einmal, was bedeutet für Sie selbst ein erfülltes Leben? Was muss geschehen, damit Sie sagen können: »Ich habe ein erfülltes Leben.«? Sie werden erkennen, was geschieht ist ohne jede Bedeutung, allein als wer Sie es erleben ist das Entscheidende. Denn alles, was Sie bei Bewusstsein erleben, ist interessant, faszinierend und erfüllend. Dagegen hat alles, was Sie als Ich erleben zwei Seiten. Nur als Sie selbst stehen Sie außerhalb der Dualität und sind stimmig.

Jetzt finden Sie Ihren Weg, in diesem Bewusstsein zu bleiben. Geben Sie in dieses Bewusstsein nun eine bestimmte Qualität, Wohlwollen, Sympathie und Liebe. Gleichzeitig heilt noch immer Ihr Körper. Sie lassen Ihr Bewusstsein weit und sind völlig ausgeruht, bereit noch etwas geschehen zu lassen. Nichts mehr strapaziert Sie. Und noch etwas Schönes: In diesem Bewusstsein ist nichts Arbeit. Alles was Sie tun als Sie selbst ist Freude, Erfüllung und Spiel. Vergessen Sie nie mehr, dass das Leben ein Spiel ist, bei dem Sie nur gewinnen können. Sie gehen von einer Erkenntnis zur anderen, dabei können Sie Spielfiguren verlieren, Besitz, Partnerschaften, den Beruf, den Wohnort oder das Auto. Aber das ist ohne jede Bedeutung, genauso ob Sie gewinnen oder verlieren. Sie gewinnen jedes Mal eine Erkenntnis und damit gewinnen Sie jedes einzelne Mal. Sie haben bisher nur zu sehr auf die Äußerlichkeiten geachtet, die jedoch unbedeutend sind. Entscheidend ist das Innere.

5. Kapitel

2. Etappe: Alles und jeder ist eine Chance weiterzukommen – Lebenskünstler und Schicksal

Ihre Glaubenssätze gestalten Ihr Leben

Ein wichtiger Teil im Leben eines Lebenskünstlers ist sein Schicksal. Hier entscheidet es sich nämlich, welche Art Lebenskünstler er ist. Ist er ein Ich, das Lebenskünstler spielt oder Bewusstsein, das von Natur aus Lebenskünstler ist? Dann hat er kein Schicksal. Dann ist er frei und es handelt sich um ein Schicksal, das uns zum Heil geschickt wurde. Aber geschickt von wem? Natürlich von mir selbst, um mich an mich selbst zu erinnern. Genauer gesagt: Das Selbst schickt das Schicksal, um das Ich an das Selbst zu erinnern, um die Illusion der Persönlichkeit aufzuzeigen.

Ereignisse sind also keine Schicksalsfügungen, die einfach passieren. Es sind manifestierte Bewusstseinsinhalte. Machen Sie sich einmal bewusst, wie dramatisch Sie Ihr Leben verändert haben, seit Sie mit dem Lesen dieses Buches begonnen haben, wenn Sie in Ihrem Bewusstsein geblieben sind. Denn nach dem Gesetz der Resonanz ziehen Sie einen Großteil der Ereignisse, die Ihrer Persönlichkeit sonst passiert wären, nicht mehr an, da sie nicht mehr zu Ihnen gehören. Sie sind ersatzlos gestrichen. Karma findet nicht mehr statt, denn Sie leben aus der Unmittelbarkeit des Augenblicks – nur solange Sie bei Bewusstsein sind natürlich. Sobald Sie wieder in den Verstand rutschen, in die Persönlichkeit, ist alles Schicksal wieder da. Nach dem Gesetz der Resonanz kann also jeder nur anziehen, was ihm entspricht. Wenn Sie bei Bewusstsein bleiben, gehört zu Ihnen als natürlicher Bestandteil dieses Bewusstseins die Fülle. Ganz gleich, was Sie wollen, ob Geld, Freiheit oder was auch immer, es ist ganz gleich, worin die Fülle für Sie besteht, alles ist im Überfluss da und es ist ihr geistiges Erbe, das alles in Besitz zu nehmen.

Wie man etwas in Besitz nimmt? Ganz einfach: Indem Sie erkennen, dass es zu Ihnen gehört, dass es Ihnen gehört. Sie könnten beispielsweise feststellen, mit dem Armtest sichtbar machen, wie viel Geld Sie noch bis zum Jahresende verdienen werden, denn das ist längst festgelegt in einem inneren Glaubenssatz und ist nicht davon abhängig, wie viele Kunden bei Ihnen Bestellungen aufgeben, wie viele Leute sich bei Ihnen zu Seminaren anmelden oder in die Praxis kommen. Davon hängt das nicht ab. Es hängt ausschließlich davon ab, wie viel Sie nach dem Gesetz der Resonanz zulassen – und das geschieht. Wenn Sie glauben, mehr geht nicht, weil das zu schwierig wäre, man dafür zu hart arbeiten müsste, das eben seine Zeit dauert und dergleichen mehr, dann haben Sie schon gewonnen oder verloren. Wie Sie das sehen. Ganz gleich, was Sie glauben, Sie behalten immer Recht. Das ist ein Gesetz. Also prüfen Sie einmal: Was glauben Sie eigentlich? Was glauben Sie, was Sie wert sind? Wenn Sie glauben, eine Persönlichkeit zu sein, dann leben Sie auch als Persönlichkeit. Wenn Sie glauben, ein Körper zu sein, dann altern Sie, werden krank und sterben irgendwann. Ich werde nie sterben, Sie natürlich auch nicht. Aber Sie wissen das nur noch nicht. Ich weiß es. Dieser Körper wird natürlich sterben, da er nur eine begrenzte Haltbarkeitsdauer hat, die übrigens nicht abhängig ist vom Baujahr. Das Datum, das in Ihrem Personalausweis steht, ist eigentlich ohne jede Bedeutung. Die Haltbarkeit dieses Körpers ist allein abhängig von Ihrem Glauben und Sie haben in sich bereits entschieden, wann diese Haltbarkeit abgelaufen ist. Aber das Schöne ist: Sie können es jederzeit ändern, denn Sie entscheiden darüber als Bewusstsein. Als Ich kommen Sie überhaupt nicht dran. Das können wir vergessen. Alles was Sie ab jetzt in diesem Buch lesen, ist für ein Ich, für einen Verstand, ohne jede Bedeutung und absolut wertlos. Wenn Sie als Verstand das Buch lesen, haben Sie Ihr Geld umsonst ausgegeben. Denn das, was wir erreichen wollen, ist nur erreichbar als Bewusstsein – in diesem Zustand aber ist es eine Offenbarung. Plötzlich können Sie alles ändern, wirklich alles. Sie können hervorrufen, was immer Sie haben wollen.

Machen Sie sich Folgendes bewusst: Am Anfang, als es diese äußere materielle Schöpfung noch nicht gab, wurde eine geistige Schöpfung geschaffen. Die Schöpfung ist damit also geistiger Natur, vollkommen und vollständig. Alles was jemals erfunden wird, alles was jemals gedacht wird, ist geschaffen worden. Sie entscheiden, was Sie aus diesem vollkommenen Angebot in Erscheinung rufen. Das ist der einzige Unterschied: Wir brauchen nichts zu erschaffen. Stellen Sie sich vor, Sie stehen im Selbstbedienungsrestaurant einer Autobahnraststätte und da werden hinter Glasvitrinen alle möglichen Salate, Desserts und was es sonst noch gibt angeboten. Natürlich könnten Sie alles nehmen, aber Sie können es nicht brauchen. Da ist also ein Überfluss, eine Fülle und Sie entscheiden jetzt: Das ist alles schon geschaffen, das hat schon jemand gekocht, hier hingestellt und dekorativ angerichtet. Sie gehen daran vorbei und entscheiden: Das ziehe ich in mein Leben. Das werde ich gleich reinstopfen. Das noch, das sollte ich eigentlich nicht, aber ich habe Lust. Mache ich oder mache ich nicht? Also ziehen Sie das in Ihr Leben, nehmen es auf Ihr Tablett, gehen an die Kasse und bezahlen. Bezahlen heißt hier: bei Bewusstsein sein. Dann sind Sie in der Vollmacht, es kostet Sie nichts. Alles in der Schöpfung kostet Sie nichts. Sie werden kostenlos versorgt. Wir sind noch immer im Paradies, wir haben es nur vergessen. Sie brauchen also nur als Schöpfer zu sagen: »Hallo Leben, ich bin bei Bewusstsein. Ich, ein Schöpfer, sage, das und das passiert jetzt in meinem Leben.« Und dann passiert es in ganz kurzer Zeit. Um das zu konkretisieren: Ich habe selbst nie erlebt, dass etwas, das ich verursacht hatte, länger als vier Wochen auf sich warten ließ. Meistens dauerte es viel kürzer, oft nur wenige Tage. Ganz gleich, was es ist. Sie müssen nur wissen, und da sind wir wieder bei der einzigen Hürde, ich bin der Schöpfer. Wenn ich das Wort spreche, mein Wort ist Gesetz, dann ist es geschehen, im gleichen Augenblick haben Sie es.

Prüfen Sie deshalb Ihren Glauben. Nehmen wir einmal an, Sie wollen irgendetwas in Ihrem Leben erreichen wie eine neue Position oder die Verwirklichung eines Projektes, ganz gleich was es ist. Wenn

Sie sich eines Vorhabens oder eines Planes bewusst werden, hat Ihr Glaube bereits entschieden, ob es funktioniert oder nicht. Sie haben noch überhaupt nicht mit der Verwirklichung begonnen, Sie haben eben zum ersten Mal darüber nachgedacht und schon ist alles gelaufen. Bei vielen Dingen bräuchten Sie gar nicht erst anzufangen, weil von vornherein feststeht, dass es nichts wird. Andererseits sieht es manchmal so aus, als könne aus dem Projekt sicherlich nichts werden, weil diese oder jene Voraussetzung fehlt, aber Ihr Glaube verwirklicht es trotz allem gegen jede Wahrscheinlichkeit.

Beachten Sie also, wenn Sie in einer Situation sind und wollen etwas verwirklichen, was unwahrscheinlich ist, aber Sie können bedingungslos daran glauben, dann wird dieser Glaube gegen alle Wahrscheinlichkeit und gegen alle Erfahrung, ja sogar gegen jede Vernunft, siegen. Aber wenn Sie diesen Glauben nicht haben, dann können Sie die tollste Idee haben und zudem ausreichend Geld, um sie zu verwirklichen, aber Sie werden das Projekt dennoch nicht realisieren können. Wenn Sie in einem konkreten Fall nicht wissen und nicht erkennen, ob Sie den erforderlichen Glauben haben, dann prüfen Sie es nach. Behaupten Sie einfach: »Ich glaube, dass es klappt.« Da können Sie sich nicht belügen, Ihr Körper zeigt Ihnen, ob Sie wirklich glauben oder nicht.

Wir glauben zuviel an den praktischen Wert des Wissens und wissen zu wenig vom praktischen Wert des Glaubens. Glaube ist wirklich ganz praktisch, er ist eine höchst intelligente Sache, denn im Glauben liegt die Bereitschaft, die Grenzenlosigkeit des menschlichen Geistes zu erkennen. »Alle Dinge sind möglich dem, der da glaubt.«

Bleiben wir wieder bei dem Beispiel Selbstbedienungsrestaurant: Sie haben also die gewählten Speisen der Vitrine entnommen, Sie haben sie noch nicht gegessen. Sie wissen nicht, wie es schmeckt. Es ist noch nicht angekommen. Aber Sie haben es in Besitz genommen und es gehört Ihnen. Sie können es stehenlassen, essen oder verschenken, Sie können damit machen was Sie wollen. Aber

Sie haben es in Erscheinung gerufen und so muss es in Erscheinung treten. Dieser Glaube, diese Überzeugung, ist das Erinnern an die eigene göttliche Natur. Die einzige Hürde, die die Schöpfung vor die Erfüllung gestellt hat.

Warum? Nun, stellen Sie sich vor, Sie gehen in die Bank und würden gerne Geld abheben, Ihr Guthaben ist aber zu gering oder vielleicht ist Ihr Konto sogar im Minus. Vielleicht hat man Sie sogar schon schriftlich aufgefordert, endlich Ihr Konto auszugleichen. Neben Ihnen steht jemand, der sagt: »Ich hätte gerne 5.000 Euro.« Die steckt er dann achtlos ein und Sie denken sich: »Ach, so leicht geht das!«, und sagen ebenfalls: »Ich hätte gerne 5.000 Euro.« Dann tippt der Kassierer etwas in den Computer und meint: »Es tut mir leid, Ihr Konto ist überzogen. Ich kann Ihnen nichts auszahlen.« Darauf entgegnen Sie: »Wieso, dem Kunden eben haben Sie doch auch gerade Geld gegeben!«

Nun, Sie haben dabei nicht beachtet, dass er ja eine Vollmacht hatte, weil er ein Guthaben besaß. Das war ein Selbst und wenn Sie als Ich hinkommen, sagt der Kassierer nein. Wenn Sie als Ich dem Leben Aufträge erteilen, sagt das Leben: »Du musst dafür arbeiten, dafür etwas tun, du hast kein Guthaben.« Das dauert aber und klappt vielleicht, vielleicht auch nicht. Aber sobald Sie selbst kommen, sagt das Leben immer nur ja, ja, ja – ganz gleich, was Sie wollen. Sie können alles bekommen und das kann genau jetzt beginnen. Da diese Fülle zu Ihrem wahren Wesen gehört, brauchen Sie nicht zu fragen: »Wie kann ich denn jetzt und heute Fülle in mein Leben ziehen?« Das ist die falsche Frage. Die richtige Frage lautet: »Wie verhinderte ich bisher erfolgreich Fülle in meinem Leben?« Zum Beispiel indem ich denke, man müsse dafür arbeiten. Das dauert, denn ganz so viel gibt es ja nicht für Arbeit und das meiste verbrauche ich im Monat, da kann ich nur wenig von sparen. Sie haben eine Unmenge Glaubenssätze, die darüber entscheiden, was passiert. Das sind die Ursachen. Nur etwa fünf Prozent unseres Schicksals, unserer Lebensumstände, verursachen wir ganz bewusst. 95 Prozent werden dagegen verursacht von den inneren Bildern, unseren Glaubenssätzen, die wir aber jederzeit ändern können. Das Schicksal kann man natürlich nicht aufhalten, man kann ihm nicht entfliehen, aber man kann es jederzeit bestimmen und gestalten.

Ein weit verbreiteter Glaubenssatz lautet: »Krankheiten sind unvermeidbar«, besonders die so genannten »Alterskrankheiten«. Aber gerade die sind nur die Folge von Lebenssünden und wenn Sie die vermeiden oder rechtzeitig wieder in Ordnung bringen, bekommen Sie auch keine Alterskrankheiten. »Seinem Schicksal kann man nicht entrinnen« ist ebenfalls eine Überzeugung, die sich hartnäckig im Bewusstsein vieler Menschen hält und die Sie ganz schnell loslassen sollten. Sie tun einfach den Schritt vom Ich zum Selbst und Ihr Schicksal ist ohne jede Bedeutung für Sie, Karma ist nur mehr Erinnerung. Noch solch ein Satz: »Die Jugend geht viel zu schnell vorbei.« Welche Jugend denn? Sie sind immer jung und vor allem sind Sie immer so jung, wie Sie sich fühlen. Folglich geht die Jugend in Wirklichkeit überhaupt nie vorbei. Nichts geht vorbei, nicht einmal das Leben, denn Sie leben ewig.

So können Sie sich all diese Sätze bewusst machen, um sie dann ganz bewusst zu verändern. Dabei schaffen Sie nicht nur Ihre negativen Programmierungen ab, sondern erfinden dazu auch neue positive Glaubenssätze. Einer meiner Glaubenssätze lautet zum Beispiel: »Es gibt immer eine Lösung.« Denn wenn das Leben mir eine Aufgabe stellt, dann nur, weil es weiß, dass ich sie lösen kann. Also brauche ich nur wieder zu schauen, wo die Lösung ist und wie sie aussieht. Ich weiß ja, dass es eine Lösung gibt, denn sonst hätte ich die Aufgabe nicht bekommen. Ich muss sie lediglich erkennen. Zwei weitere Glaubenssätze aus meinem persönlichen Repertoire lauten: »Ich bekomme immer rechtzeitig alles, was ich brauche.«, und »Ich bin von Natur aus ein Gewinner.« Überlegen Sie also, welche Sätze Ihnen nicht mehr gefallen und erfinden Sie neue, die Ihre Maßanzüge für die jeweiligen Situationen werden. Erkennen Sie, die Schöpfung ist genial einfach, kompliziert wird es nur durch unseren Verstand. In der Schöpfung ist nichts kompliziert, sie hat alles im Überfluss und diese Überfülle ist unser Erbe.

Ändern Sie Ihr Schicksal als Schöpfer

Schaffen Sie doch gerade einmal ein Stück Schicksal, denn nur, wenn man es praktisch getan hat, kann man damit umgehen. In Ihrem erhöhten Bewusstsein schauen Sie jetzt auf irgendeinen Teil Ihres Schicksals, Ihres Lebens, auf irgendeinen Bereich oder Aspekt, den Sie gerne ändern möchten. Sie denken nun vielleicht an mehr Geld, an Anerkennung, an Liebe oder Gesundheit. Es ist ganz gleich, was es ist. Sie schauen einfach auf diesen bestimmten Aspekt und machen sich zunächst bewusst: »Das gehört so nicht zu mir. So gefällt mir das nicht.« Im nächsten Schritt stellen Sie sich vor, wie es aussehen müsste. »So sollte das sein. So würde es mir entsprechen.« Sie stellen sich also den erwünschten Endzustand bildhaft vor und dann versetzen Sie sich selbst in diese Situation, in die Situation des erfüllten Wunsches. Stellen Sie sich vor, es ist in Erfüllung gegangen. Imaginieren Sie, der erwünschte Endzustand ist Wirklichkeit und Sie leben in dieser Wirklichkeit. Sie nehmen ihn also in Besitz durch Identifikation und gehen in diese erfüllte Situation hinein, um darin zu leben. Wenn Sie diese letzte Hürde nehmen, wenn Sie ehrlichen Herzens sagen: »Ja, das gehört zu mir. Das bin ich. Das ist jetzt geschehen.«, dann haben Sie in diesem Augenblick ein Stück Ihres Schicksals geändert als Schöpfer.

Vor der Erfüllung macht das Leben fast immer noch eine allerletzte Bewusstseinsprüfung. Ich erinnere mich, als ich einmal in solch einer Situation war. Damals war ich 22 und hatte mich beworben um eine Stelle, die eigentlich drei Nummern zu groß für mich war, wie ich später feststellte, aber das wusste ich zu diesem Zeitpunkt noch nicht. Als junger Mensch überschätzt man sich sehr leicht. Jedenfalls hatte ich mich beworben, mein Bewerbungsbrief hatte anscheinend Eindruck gemacht und ich bekam eine Aufforderung mich vorzustellen, die Fahrkarte hatte man gleich mitgeschickt. Ich wusste, dass das meine Stelle ist, die ich jetzt antrete. Als ich ankam, saßen da 52 weitere Bewerber, die ebenfalls dachten, das sei Ihre Stelle, denn da es sich um die Stelle des Verkaufsleiters handelte, war die

Firma sehr gründlich und hatte eben sehr viele Bewerber eingeladen. Alle zehn Minuten wurde ein Bewerber zum Personalchef gerufen und alle zehn Minuten kam jemand mit hochrotem Kopf wieder heraus. Ich dachte bei mir: »Was machen die denn alle hier? Das ist doch meine Stelle. Warum sitzen sie hier rum? Die vertun nur Zeit. Jetzt muss ich irgendetwas machen, sonst stellen sie noch den Falschen ein und ich muss wieder nach Hause fahren. Das darf ja nicht passieren!« Also habe ich etwas auf einen Zettel geschrieben, der Sekretärin gegeben und fünf Minuten später, als der Nächste herauskam, hieß es: »Herr Tepperwein, bitte zum Personalchef!« Eine halbe Stunde später war das meine Stelle. Ich wurde angenommen. Ich hatte lediglich diesen Satz auf den Zettel geschrieben: »Bitte entscheiden Sie sich nicht, bevor Sie mit mir gesprochen haben.« Ich habe also nichts versprochen, nichts Falsches gesagt und eigentlich keinerlei Einfluss genommen auf den Ablauf und doch war der Personalchef neugierig geworden. Seine erste Frage lautete deshalb auch: »Was macht Sie so sicher, dass ich erst mit Ihnen sprechen sollte?« Da habe ich ihm genau das gesagt: »Mich macht es so sicher, weil ich weiß, es ist meine Stelle, die bei Ihnen vakant ist. Alles was Sie mit den anderen Bewerbern tun, ist reine Zeitverschwendung. Selbst wenn Sie einen einstellen würden, hätten Sie einen Fehler gemacht und ich möchte nicht vier Wochen warten, bis Sie das gemerkt haben. Deswegen habe ich Sie bereits heute auf mich aufmerksam gemacht.« Ich habe diese Stelle bekommen.

Also, wiederholen wir das noch einmal, weil das ein wichtiger Bestandteil ist in der Ausbildung zum Lebenskünstler: Sie entscheiden über Ihr Schicksal. Sie gestalten Ihre Zukunft. Sie bestimmen den Zufall und die Ereignisse, die auf Sie zukommen. Ein Beispiel soll Ihnen den Sachverhalt verdeutlichen. Sie entscheiden: »Ich will die Erika heiraten!«, und dann bekommen Sie sie tatsächlich und haben zwanzig Jahre Zeit zu überlegen, ob das eine gute Entscheidung war. Oder aber Sie machen das ganz anders und haben den Mut, im Bewusstsein zu fragen: »Ist Erika ist die richtige Partnerin für mich?« Wenn die Antwort negativ ausfällt, können Sie sie trotzdem heiraten, wenn Sie unbedingt wollen. Aber Sie wissen von vornherein, das geht schief, denn es stimmt nicht mit Ihnen überein. So können Sie vorher feststellen, ob Sie sich das richtige Auto, die richtige Wohnung oder den richtigen Arbeitsplatz wünschen. Sie bekommen alles, auch wenn das Leben Sie noch einmal auf die Probe stellt. Es kann ja sein, die schicken Sie wirklich nach Hause. Sie stellen sich vor und man schickt Sie wieder nach Hause und sagt zu Ihnen: »Tut uns leid, aber wir haben bereits einen Vertrag mit jemandem abgeschlossen.« Dann sollten Sie wissen, es kann trotzdem nichts passieren. Es dauert vielleicht drei oder vier Wochen, dann bekommen Sie Ihre Zusage. Also sagen Sie von vornherein: »Ich bin weiterhin interessiert. Sobald Sie festgestellt haben, dass das nicht der richtige Mitarbeiter für Sie ist, bin ich da, denn ich gehöre hierher.« Sie müssen nur in dieser absoluten Gewissheit bleiben. Dann klappt es immer.

Aber bedenken Sie dabei bitte: Schicksal gestalten Sie nur für sich selbst. Niemand kann Schicksal spielen für einen anderen. Wenn Sie im Selbst sind und Sie glauben felsenfest, dass das Ihre Stelle ist, dann kann die ganze Welt wanken, dann können alle verrückt spielen, das ist trotzdem Ihre Stelle. Vielleicht brauchen die Verantwortlichen ein paar Wochen, bis sie es gemerkt haben. Sie dürfen nur nicht anfangen zu zweifeln: »Ja, mein Gott und wenn die das nicht merken. Ach, in der Zwischenzeit muss ich ja dies und jenes tun. Vielleicht ist das doch nicht die richtige Stelle.« Dann ist es auch schon vorbei, das können Sie dann vergessen. Wenn Sie nicht sicher sind, prüfen Sie sich. »Bin ich überzeugt? Ist das meine Stelle? – Also, wenn das meine Stelle ist, kriege ich sie auch.« In dieser Gewissheit sollten Sie leben, denn so verursachen Sie Schicksal. Das war nun nur ein Beispiel, aber genauso können Sie jeden Aspekt Ihres Schicksals ins Bewusstsein nehmen, ändern oder neu verursachen.

In einem meiner Seminare wurde ich in diesem Zusammenhang gefragt: »Kann man das nur für sich oder auch für andere erreichen?« Meine Antwort lautete: »Sie können das auch für andere, allerdings sollten Sie das aber nur in ganz seltenen Ausnahmefällen tun, denn wenn Sie so etwas für einen anderen tun, übernehmen Sie die volle Verantwortung für ihn, ja für sein Leben und sein Schicksal. Sie tragen dann auch die Folgen – karmisch.« Wir müssen hier allerdings unterscheiden: Wenn Sie selbst etwas für einen anderen tun, dann ist das kein Problem. Dann tun Sie das ja nur, weil Sie erkannt haben, dass es stimmt. Wenn Sie aber als Persönlichkeit, als Mutter, als Freund, als Ehemann oder Ehefrau handeln, dann tragen Sie die volle Verantwortung. Im Zweifelsfall machen Sie den Armtest, um festzustellen, als wer Sie handeln wollen und fragen Sie sich: »Ist das gut? Helfe ich ihm wirklich oder behindere ich ihn vielleicht eher?« Das wissen Sie nicht als Ich. Als Selbst aber wissen Sie, wann Sie was tun können und Sie unternehmen nichts Falsches. Wir sollten uns also bemühen, stets in reinem folgenlosem Tun zu bleiben und wir sollten bei Bewusstsein bleiben und nur dann handeln, wenn wir wissen, dass es richtig ist.

Stehen Sie über den Dingen

Ich will Sie in die Souveränität hineinführen, damit sie im wahrsten Sinne des Wortes über den Dingen stehen und Ereignisse oder Umstände für Sie ohne Bedeutung sind. Sie müssen erkennen, dass es gleichgültig ist, ob Sie gewinnen oder verlieren im Leben. Das eine ist nicht besser als das andere. Natürlich, das Ego, die Persönlichkeit, gewinnt lieber. Wir sind von der Schule her schon auf gewinnen ausgerichtet, als sportlicher Wettbewerb, da geht es immer um Treppchen und den ersten, zweiten oder dritten Sieger. Von den anderen spricht keiner mehr. Darum geht es aber im Leben überhaupt nicht, denn in der Wirklichkeit gibt es keinen Sieger und Besiegten. Dort gibt es nur »stimmig« und »nicht stimmig« und wenn etwas stimmig ist, dann ist es für den, der die Stelle nicht bekommen hat, auch stimmig; er hat also nicht verloren, denn er hat ja nie was gehabt, das er verlieren konnte. Es war nie seine Stelle. Diese Tatsache wurde lediglich klargestellt und ihm bewusst gemacht.

In dieser Souveränität sollten Sie leben. Sie sollten wissen, dass Sie alle Lebensumstände jederzeit selbst frei bestimmen können und es niemanden gibt, der Ihnen dazwischenfunken könnte. Sie können alles erreichen. Sie brauchen nicht nur einfache Ja-Nein-Entscheidungen zu erfragen, sondern Sie können ganz genaue Einzelheiten erfahren. Wichtig ist, dass Sie als Lebenskünstler wissen, wie Sie Ihr Schicksal gestalten, sich jeden Teil Ihres Schicksals, der Ihnen nicht gefällt, bewusst machen können und sagen: »Das stimmt in meinem Leben nicht.« Oder im Gegenteil: »Wie sollte das sein?« Nehmen Sie hierzu den Armtest als Hilfestellung: Stimmt das auch so? Falls nicht – dann ändern Sie es.

Was ich damit zeigen und beweisen will ist, wie einfach Leben von seinem wahren Wesen her gedacht ist. Es gibt nie eine Entscheidung und es gibt keine Probleme. Wenn irgendetwas nicht stimmt, kann ich es jederzeit ändern, denn ich bin ein Schöpfer und ich brauche nichts zu akzeptieren. Schließen Sie nie wieder

Kompromisse in Ihrem Leben, da ein Kompromiss heißt, dass beide nicht bekommen, was sie wollen. Keiner ist zufrieden. Das brauchen Sie nicht zu tun, sondern Sie tun das, was stimmt. Einmal bekommt der eine das Ganze, ein andermal der andere, aber immer der Richtige. Wenn Sie das tun, was stimmt, dann stimmt es auch für den anderen, der scheinbar verloren hat.

Das ist das Schöne: Wir stellen in dem Moment fest, dass es bereits geschehen ist. Das ist für den Verstand nicht nachvollziehbar. Denn, möglicherweise weiß der, der die Mittel bereitstellen soll, noch gar nichts von seinem Projekt. Also sagt der Verstand: »Moment, das ist ja noch nicht entschieden. Das ist ja noch nicht einmal zur Sprache gekommen.« So ist es, wenn wir im Ich sind, dann leben wir im Verstand und damit in der linearen Zeit und es geschieht eins nach dem anderen. Aber wenn wir im Selbst sind, sind wir in der Punktzeit. Diesen Begriff möchte ich in einem Bild verdeutlichen: Stellen Sie sich vor, die Zeit wäre ein Rad und das, was gerade die Straße berührt, das ist die Gegenwart, während der Teil, der gerade eben vorbei ist, also die Straße bereits berührt hat, die Vergangenheit darstellt. Der vordere Teil des Rades, der bald zur Gegenwart wird, ist die Zukunft. Wenn Sie im außen sind, im Verstand, in der Persönlichkeit, dann gibt es Vergangenheit, Gegenwart und Zukunft. Wenn Sie sich aber in der Radmitte befinden, in der Nabe, dann ist alles gleich. Dann können Sie zur Gegenwart schauen, zur Vergangenheit, zur Zukunft und alles ist gleich weit weg. Es ist alles gleich! Das Rad ist nicht unterteilt in Vergangenheit, Gegenwart und Zukunft, sondern es ist schlicht ein Rad. Die ganze Zeit ist jetzt. Sie ist nur noch nicht in Erscheinung getreten. Der Teil ist nur noch nicht auf der Erde, aber er ist schon vorhanden. Genau das haben wir als Selbst eben in der Hand: Wir treten in Punktzeit in den Augenblick ein und erkennen, was für den Verstand erst in Zukunft sein wird, was aber jetzt entschieden wird. Wir können jetzt die Dinge erkennen und damit sind sie vollzogen.

Wenn Sie nichts mehr ändern, wenn Sie es nicht mehr bedenken und nichts mehr bezweifeln, läuft es genau so ab. Denn es ist bereits geschehen. Aber ein »hoffentlich« dazwischen muss wieder korrigiert werden. Vergessen Sie den Begriff »hoffentlich«. Eines der Dinge, auf die Sie verzichten können, ja verzichten sollten, ist Hoffnung. Sie brauchen keine Hoffnung mehr, entfernen Sie diesen Begriff endgültig aus Ihrem Vokabular, denn ab jetzt haben Sie Gewissheit. Alles was Sie in Ihr Leben ziehen wollen, können Sie über das Gesetz der Resonanz erreichen, indem Sie sich bewusst dafür resonanzfähig machen. Nehmen wir einmal an, Sie sind allein und Sie würden gerne dem richtigen Partner begegnen. Machen Sie sich resonanzfähig für die Begegnung mit einem Traumpartner. Stellen Sie sich eine Begegnung vor mit einem idealen Partner und sagen Sie in sich: »Ja genau, das ist es.« Spüren Sie, dass Sie im Einklang sind damit, dass Sie bereit sind. Gehen Sie also in Einklang mit der Begegnung mit dem idealen Partner. Damit haben Sie auch das verursacht.

Als Wort spielt Hoffnung keine Rolle, aber als Energie ist es ein Ausdruck meines Zweifels. Meine Opferhaltung: »Hoffentlich bekomme ich die Mittel.« Ein Schöpfer bekommt aber nicht, sondern sagt: »Brauche ich, bitte kommen, habe ich. Danke.« So lebt ein Schöpfer. So lebt ein Lebenskünstler. Alles was Sie zum vollen Ausdruck Ihres Lebens brauchen, können Sie haben. Sie brauchen nur zu glauben, dass es Ihnen zusteht. Sie brauchen sich nur wert zu fühlen und sich innerlich den erwünschten Endzustand vorzustellen. Sie sagen innerlich ja dazu und im gleichen Augenblick, wenn Sie es loslassen, ist es vollbracht. Es ist geschehen. Es ist nichts mehr zu tun. Es sei denn, Sie werfen es wieder um, mit einem einzigen »hoffentlich«. So gestalten wir unser Schicksal als Lebenskünstler, um in der Leichtigkeit des Seins zu leben.

Kritik ist wichtiger als Lob

Sie haben sicher schon bemerkt, dass ich die Weisheiten, die ich Ihnen vermittle, auch glaube. Ich habe also nicht das Bestreben, Ihnen lediglich Theorien zu vermitteln, sondern ich probiere alles vorher mit anderen aus und erst wenn ich gesehen habe, wo sie sich schwer tun und ich weiß, wie man das vermeiden oder ändern kann, dann gebe ich es weiter. Es wäre schön, wenn Sie beim Lesen dieses Buches locker und aufgeschlossen sind. Locker sein heißt, sich auf sich selbst besinnen und einfach Sie selbst zu sein, echt zu sein, ehrlich, authentisch, so wie Ihnen zumute ist.

Sie dürfen mich auch ruhig kritisieren, ich verspreche Ihnen jede kritische Zuschrift zu beantworten, sei sie für mich positiv oder negativ. Ich begrüße das auch in meinen Seminaren. Überlegen Sie einmal: Wenn Sie jemand lobt, bringt einem das gar nichts. Das tut dem Ich gut, es freut sich darüber und sagt: »Ja, Gott, ich tue doch nur meine Pflicht.«, aber hört es natürlich unwahrscheinlich gerne. Doch wenn Sie sie selbst sind, interessiert Sie Lob nicht, dann sagen Sie: »Danke schön, dass Sie das so sehen.« Aber bei Kritik sollten Sie aufgeschlossen sein, denn Kritik ist immer ein Kompliment. Wann immer jemand Sie kritisiert, sagt er Ihnen damit: »Ich habe mich mit dir befasst. Ich habe dich angeschaut, und du bist es wert, dass ich mich mit dir befasse und da gibt es einen Punkt, den ich nicht richtig finde.« Sie sollten sich auf keinen Fall scheuen, eine solche Kritik auszusprechen, denn das Einzige, woraus wir etwas lernen können, ist Kritik. Aus Lob lernen wir gar nichts. Aus Kritik aber können Sie erkennen, dass es zwei Möglichkeiten gibt. Einmal kann Ihr Gegenüber Unrecht haben, dann können Sie ihm nicht böse sein. Er hat sich einfach nur geirrt. Ist er allerdings im Recht, können Sie ihm erst recht nicht böse sein, denn dann hat er ja die Wahrheit gesagt.

Sie haben also nie einen Grund, beleidigt oder gekränkt zu sein, wenn Sie jemand kritisiert. Es gibt immer nur die zwei Möglichkeiten. Hat er nicht Recht, können Sie es vergessen. Hat er aber Recht, weiß ich es vielleicht schon selbst oder der Kritiker hat mich möglicherweise zum ersten Mal darauf aufmerksam gemacht. Vielleicht merke ich dadurch, dass mir das Problem bisher noch gar nicht aufgefallen ist, obwohl es vorhanden ist. Dann sollten Sie sagen: »Danke, dass Sie mir das gesagt haben. Ich muss mein Bewusstsein einmal auf diesen Punkt richten.« Sie sollten also aufgeschlossen sein für Kritik und erkennen, dass wann immer Sie jemand kritisiert, er Ihnen die Chance gibt, etwas Wichtiges über sich zu erfahren und einen Schritt vorwärts zu tun. Er macht Ihnen mit seiner Kritik ein Geschenk. So denkt allerdings nur ein Selbst. Wenn Sie sich als Persönlichkeit fühlen und kritisiert werden und darauf eventuell beleidigt reagieren, dann haben Sie gerade eine große Chance verpasst.

Probleme sind lediglich (lösbare) Aufgaben

Kommen wir zurück zum Schicksal. Nehmen wir einen Punkt, der sehr vielen Menschen schwer zu schaffen macht: Probleme. Ich möchte wieder eine provokative Aussage machen: Viele Menschen haben Probleme, aber es hat noch nie ein Problem gegeben. Noch nie hat ein Mensch jemals ein Problem gehabt! Sie müssen sich das stets vor Augen halten: Ein Problem ist nicht existent. Ein Problem ist immer nur ein Zeichen dafür, dass Sie eine problematische Einstellung zu den Dingen des Lebens haben. Sie können aus allem ein Problem machen. Sie können sagen: »Das Wetter ist ein Problem. Es regnet zu wenig oder zu viel.« Oder: »Meine Frau ist nicht mehr nett zu mir.«, oder umgekehrt: »Sie hängt zu sehr an mir und gibt mir keinen Freiraum.« Oder: »Wir hätten gerne ein Kind, es klappt aber nicht.« Oder: »Wir haben ein Kind, das uns aber Probleme macht.« Was auch immer, alles ist scheinbar ein Problem, aber in Wirklichkeit ist nichts davon ein Problem.

Doch auch hier ist es stets eine Frage des Umgangs damit. Wann immer jemand zu mir in die Praxis kam und sagte: »Herr Tepperwein, ich habe da so ein Problem.«, erwiderte ich: »Oh, wie interessant, ich habe schon lange keines mehr gesehen, erläutern Sie es mir doch bitte.« Wenn der andere dann erwiderte: »Ach, da kann ich Ihnen ein Dutzend nennen.« »Nennen Sie mir doch Ihr schwierigstes und größtes Problem.« Wenn er mir sein Problem dann schilderte, fragte ich: »Und wo ist das Problem?« »Ja, aber hören Sie mal, wenn das kein Problem ist!«

Wieso kann ich behaupten, es gäbe gar keine Probleme? Ich will es Ihnen sagen: Wenn ich im Verstand bleibe, der linear denkt, der immer nur eines gleichzeitig tun kann, habe ich natürlich keine Chance und ich bin hoffnungslos überfordert. Sobald ich aber ins Selbst gehe, kann ich mehrere Dinge gleichzeitig tun, ohne mich allzu sehr anstrengen zu müssen. Lösen Sie doch einfach gleich einmal Ihr größtes Problem oder meinetwegen, um es Ihnen etwas leichter zu machen, ein kleineres Problem. Wachsen Sie dazu energetisch über sich hinaus und verlegen Sie Ihr Wahrnehmungszentrum über den Kopf. Am besten geht es, wenn Sie Ihr Bewusstsein weit machen und Ihre Umgebung, den Raum, in dem Sie sich befinden, mit einbeziehen. In diesem Bewusstsein stellen Sie einmal fest, dass Sie als Bewusstsein mehrdimensional sind, also beliebig viele Dinge gleichzeitig tun können. »Tun« gibt es in diesem Bewusstsein allerdings eigentlich nicht mehr, »geschehen lassen« nenne ich es deswegen. Lassen Sie doch einfach noch einmal Heilung in Ihrem Körper geschehen. Stellen Sie sich vor, Ihr Kopf ist oben offen, Sie nehmen kosmische Energie von oben auf und ständig strömt durch Ihr offenes Kronenchakra geistige Energie ein. Gleichzeitig nehmen Sie über Ihre Füße Erdenergie in sich auf und in Ihrer Mitte verbinden sich beide Energieformen zur Heilkraft. Sie lassen also Ihr Scheitelchakra offen, lassen ständig die kosmische Kraft einströmen, ziehen dabei fortlaufend von unten Kraft von Mutter Erde in sich ein und beide Kräfte verbinden sich harmonisch in Ihnen zur Heilkraft und Sie lassen so Heilung geschehen in Ihrem Körper. Sie spüren regelrecht, wie Heilung in Ihrem Körper geschieht und lassen sie ständig geschehen. Sie unterbrechen das keinen Moment, Heilung geschieht ununterbrochen. Und während beide Kräfte einströmen, sich verbinden und Heilung geschieht, lassen Sie einmal Heilung für einen anderen geschehen, zum Beispiel für eine Situation, denn heilen kann man nicht nur Krankheiten, sondern auch Situationen und Sie haben sicher eine Situation – ein »Problem« – in Ihrem Leben, die Sie gerne geheilt haben möchten. Es kann eine Partnerschaft sein, eine berufliche Situation oder Sie können Ihre Brieftasche heilen, wenn die Schwindsucht hat. Es ist ganz egal, was Sie heilen oder in Ihrem Leben in Ordnung bringen wollen. Aber vergessen Sie nicht, weiterhin die eine kosmische Kraft einströmen zu lassen und gleichzeitig Erdenergie in Ihren Körper zu ziehen, damit sich beide Energien zur Heilkraft verbinden können und Heilung in Ihrem Körper – sowie ihrem Umfeld – geschehen kann.

Der Verstand verzweifelt an so etwas, er redet Ihnen ein, dass das nicht geht. Wenn Sie also im Verstand bleiben, während Sie das tun, können Sie aufgeben, es wird nicht funktionieren. Im Bewusstsein aber ist es nicht einmal anstrengend, da Sie nämlich nichts tun müssen. Sie lassen lediglich beides gleichzeitig geschehen und spüren Heilung, die zu Ihrer Situation fließt und diese heilt – Ihr »Problem« löst sich auf.

Heilung von der Illusion des Ichs

Wenden wir uns nun einer weiteren Sache zu. Heilen Sie einmal sich von der Illusion des Ichs. Die Heilung geschieht demnach in Ihrem Körper. Sie heilen hier die Situation und lassen gleichzeitig Heilung von der Illusion des Ichs geschehen. Sie lösen dabei nicht Ihr Ich auf, sondern nur die Identifikation mit dem Ich – und zwar restlos. Betrachten Sie alle drei gleichzeitig. Der Verstand würde nacheinander hinschauen und sagen: »Sehen wir mal, ob da noch Heilung im Körper geschieht. Jetzt schauen wir mal, ob die Situation noch geheilt wird. Und jetzt schauen wir nach, ob ... usw.« Als Selbst machen Sie aber alles gleichzeitig und nur das stellt sicher, dass Sie nicht im Verstand sind und den Körper, die Situation sowie die Illusion des Ichs als ganz verschiedene Ebenen wahrnehmen. Wenn Sie alle drei Dinge gleichzeitig tun, wissen Sie, jetzt bin ich ich selbst. Jetzt spüren Sie noch einmal hin, damit das Wunder nicht unbemerkt vorübergeht, denn Sie strengen sich überhaupt nicht an. Wenn Sie als Ich, als Person, drei Dinge gleichzeitig tun, sind Sie nach zehn Minuten fix und fertig. Wenn Sie das aber als Sie selbst machen, ist das sogar erholsam. Sie können auch einen vierten und fünften Aspekt dazunehmen, Sie können zwanzig Dinge gleichzeitig geschehen lassen, denn es gibt auch dann keine Überlastung. Sie haben eine unbegrenzte Kapazität, da Sie von Ihrem wahren Wesen her multidimensionales Bewusstsein und befreit vom linearen Denken sind. Sie sind eingetreten in die holistische Erfahrung der Punktzeit, der Jetztzeit, sind eingetreten in den Augenblick. Alles geschieht und nichts ist zu tun. Wenn Sie in diesem Bewusstsein bleiben, können Sie nie mehr überfordert werden. Dann können Sie mit Ihrem Kind sprechen, telefonieren und sich gleichzeitig auf eine Prüfung vorbereiten oder noch etwas Viertes tun. Als Selbst ist das für Sie kein Problem. Sie können das alles gleichzeitig erledigen, während Sie dafür sorgen, dass Sie bei Bewusstsein bleiben und sich überhaupt nicht anstrengen. Wenn Sie so multidimensional jetzt zehn, fünfzehn Stunden etwas haben geschehen lassen, denken Sie abends, Sie müssten eigentlich todmüde sein. Aber das sind Sie überhaupt nicht, Sie fühlen sich im Gegenteil erholt, denn Sie sind in Ihrem wahren Wesen. Sie sind im Einklang mit sich selbst. Das tut gut und strapaziert Sie überhaupt nicht.

Das ist das Geheimnis: Ruhen im Tun. Sie erfahren es, wenn Sie die empfohlene Übung gemacht haben, gerade praktisch. Sie tun, was zu tun ist, sogar multidimensional, auf mehreren Ebenen gleichzeitig, aber eigentlich ruhen Sie. Anstrengend ist es nur im Verstand. Da wird es schon schwierig, wenn Sie versuchen zwei Dinge gleichzeitig zu tun. Und jetzt gehen wir noch einen Schritt weiter. Lassen Sie diese Dinge, die Sie gerade tun, alle gleichzeitig weiterlaufen und unterbrechen Sie nichts. Vergewissern Sie sich noch einmal in jedem Bereich, gleichzeitig, nicht nacheinander, dass es geschieht. Vielleicht ist es anfangs leichter, einen Bereich nach dem anderen zu betrachten, schauen Sie hin, aber spüren Sie gleichzeitig, dass alles geschieht. Während Sie all das fortlaufend geschehen lassen, lesen Sie mit ungeteilter Aufmerksamkeit weiter. Sie nehmen die Worte auf, sind wieder ganz bei der Sache, aber Sie hören nicht auf, das zu tun. Sie werden sehen, es strengt Sie überhaupt nicht an. Es ruht Sie aus. Spüren Sie, wie Heilung geschieht, wie sich die Situation verbessert, wie die Identifikation mit dem Ich sich auflöst und wie Sie trotzdem ganz bei der Sache und offen sind für das, was Ihnen in den folgenden Kapiteln dieses Buches geboten wird.

Wir sind grenzenloses Bewusstsein

In diesem Zusammenhang wurde ich einmal von einer Seminarteilnehmerin gefragt: »Sie sprechen von der Multidimensionalität. Wie kann ich denn gleichzeitig verschiedene Dinge tun?« Meine Antwort lautete: »Überhaupt nicht. Ein Ich kann das nicht.« Die Dame sprach gerade aus dem Verstand und das können wir vergessen. Der Verstand ist linear und das Tagesbewusstsein muss sich immer auf einen Punkt konzentrieren, denn wenn es zwei Dinge tut, ist es gezwungen, hin und her zu hüpfen. Wenn es drei Dinge tut, macht es sich verrückt und hüpft noch mehr hin und her. Daher zerteilt es die Aufgaben in ein Stückchen hier, eins da, eins dort, da überall gleichzeitig nämlich nicht funktioniert.

Für ein Selbst aber ist das überhaupt kein Problem. Ein Selbst tut das einfach. Ihre Kinder machen es Ihnen zum Teil vor, sie praktizieren multidimensionales Bewusstsein, indem sie die Hausaufgaben machen, nebenbei Musik hören und gleichzeitig auf die Gespräche der Erwachsenen achten, damit sie ja nichts verpassen. Oftmals ist es bei vielen Kindern schon so, dass sie gelangweilt sind, wenn sie nur auf einer Frequenz gefordert werden, sie brauchen eine zweite, vielleicht sogar eine dritte. Und sie können das ganz gut, können das erstaunlich gut, denn sie gehören einer neuen Generation an, für die diese Fähigkeit fast selbstverständlich ist.

Wir Erwachsenen haben nur eine Chance, wenn wir diese Begrenzung des Verstandes loslassen. Wenn wir zwei, drei Dinge gleichzeitig tun wollen, müssen wir aus dem Verstand herausgehen, sonst überfordert es uns vollkommen und wir können das nicht lange durchhalten. Also vorher immer aus dem Verstand gehen, das Bewusstsein energetisch erweitern und in diesem weiten Bewusstsein taucht dann überhaupt keine Schwierigkeit auf. Das machen Kinder instinktiv, während wir es wieder lernen müssen. Aber es geht wirklich.

Ich nenne Ihnen ein anderes Beispiel, dann können Sie es vielleicht leichter verstehen: Wie viele Dinge können Sie gleichzeitig sehen, wenn alle in Ihrem Blickfeld liegen? Hundert? Tausend? Nun, Sie können Farben, Formen, Striche und Linien wahrnehmen. Das ist wie sehen, Sie nehmen alles gleichzeitig wahr und wenn Sie alles gleichzeitig sehen, ist das genauso wenig anstrengend, als würden Sie nur eine Sache anschauen. Es strengt Ihren Gesichtssinn also nicht mehr an. Genauso funktioniert das Bewusstsein. Ob es sich auf eine Sache konzentriert oder auf vier, das macht keinen Unterschied. Es ist wie wahrnehmen, es tritt einfach ins Bewusstsein. Mehr nicht. Das ist für den Verstand unbegreiflich, besser noch, unverständlich, denn während ich zum Beispiel telefoniere, mache ich mir weiter Notizen zu der Arbeit, mit der ich mich gerade beschäftige und spreche gleichzeitig weiter mit dem Anrufer.

Es geht darum, dass wir uns in Besitz nehmen, dass wir erkennen, wir sind grenzenloses Bewusstsein. Wir müssen nur wirklich anfangen, das alles einmal in Besitz zu nehmen. Das ist so, wie wenn man Eigentümer eines Hochhauses ist und man lebt nur im Erdgeschoss. Eines Tages kommt ein Freund und fragt: »Was ist eigentlich in den oberen Etagen?« Sie sagen dann: »Keine Ahnung, da war ich noch nie.« Wir haben also die anderen Bereiche unseres Seins einfach noch nicht in Besitz genommen, da wir immer im Verstand und im Körper und in der Persönlichkeit bleiben. Jetzt geht es darum, uns zu überschreiten, uns frei zu machen von diesen Grenzen, denn sonst kommen wir nicht in die Leichtigkeit des Seins und damit nicht zum Leben als Lebenskünstler. Wir müssen demnach erkennen: Das Bewusstsein zu gebrauchen, ist viel weniger anstrengend, als sich mit dem Verstand einer Sache zu widmen, denn der Verstand muss sich konzentrieren.

Für dieses grenzenlose Bewusstsein gibt es kein Problem. Es hat nie ein Problem gegeben. Das was Sie als Problem betrachten, ist lediglich eine Aufgabe. Es ist dabei sogar eine wunderbare Aufgabe. Ganz gleich, was Sie als Problem ansehen: das Problem ist immer nur eine Aufgabe und eine »Auf-gabe« enthält, wie die Weisheit der Sprache ja sagt, eine Gabe. Sehr oft besteht die Lösung der Aufgabe darin, dass ich etwas aufgebe, zum Beispiel den Verstand, der sagt: »Ich will gebraucht werden. Lass mich das machen, ich kriege das schon hin.« Und Sie sagen: »Nein, nein. Jetzt gehe ich ins Bewusstsein.« Ich gebe also die Begrenzung des Lebens aus dem Verstand auf, die scheinbare Sicherheit, dass der Verstand Argumente findet, die in Wirklichkeit gar keine Sicherheit sind. Das gebe ich auf und gehe in die Wahrnehmung. So gibt es scheinbar viele Probleme, aber in Wirklichkeit ist jedes eine Aufgabe. Das heißt also, wenn andere Menschen irgendetwas von mir verlangen, mich fordern, was immer das auch sei, es geht in Wirklichkeit nur um mich. Ich muss daraus lernen und sobald ich über mich hinausgewachsen bin, kann mich keiner mehr überfordern. Selbst wenn eine ganze Horde über Sie herfällt und alle gleichzeitig etwas von Ihnen wollen, dann bleiben Sie einfach in Ihrem Bewusstsein. Man kann Sie nicht überfordern. Die anderen versuchen nur immer wieder, Sie in den Verstand zu ziehen und dort hätten Sie keine Chance, dort würden Sie regelrecht verrückt werden. Wenn Sie aber Sie selbst sind und viele etwas von Ihnen wollen, dann denken Sie: »Moment, wer war zuerst? Eins nach dem anderen. Wir schauen uns das an. Ich könnte zwar mehrere Dinge gleichzeitig erledigen, aber Ihr könntet mir dann nicht folgen.« Das sagen Sie natürlich nicht, denn man würde Sie für einen eingebildeten Angeber halten, aber Sie wissen es. Also sagen Sie: »Okay, fangen wir mit einer Sache an. Du, was willst du? Gut, das hat Zeit, das machen wir später. Und du? Und du?« Doch Sie können dann, wenn man Ihnen alles vorgetragen hat, alles gleichzeitig tun. Sie haben kein Problem. Trauen Sie sich doch einmal, Ihre Größe zu erkennen. Scheuen Sie sich nicht, hervorzutreten als Sie selbst. Wecken Sie doch einmal den Gott in sich und leben Sie als Gott und hören Sie auf, ein begrenzter Mensch mit Verstand zu sein, mit Nerven und Zeit und all den Dingen, die Ihr Leben klein machen. Wenn Sie also zu sich gefunden haben, können Sie auf die Probleme schauen, die plötzlich keine mehr sind. Ich mache das mitunter in meinen Seminaren. Ich setze eine

Fragestunde an und wenn sich das zu lange hinzieht, mache ich zwischendurch eine Bewusstseinsübung. Wir gehen heraus aus dem begrenzten Ich, nach oben ins Bewusstsein und dann sage ich: »So, und jetzt weitere Fragen.«, und da sind dann plötzlich keine mehr. Das Selbst hat keine Fragen, die hat nur der Verstand.

Aber über kurz oder lang werden Sie es wissen, plötzlich sind wir so weit: Es gibt keine Probleme mehr. Das ist das, was wir erreichen wollen: zu erkennen, dass es nie ein Problem gab. Es gibt nur eine problematische Einstellung zu den Dingen des Lebens und diese problematische Einstellung, die kann nur ein Ich haben. Als Ich sollten Sie, wenn Sie dieses Buch zu Ende gelesen haben, nicht mehr durchs Leben gehen. Denn als Ich werden Sie nur ein sehr begrenzter Lebenskünstler, weil Sie nie in die Leichtigkeit des Seins kommen. Dann können Sie es sich lediglich leichter machen, das kann auch ein Ich. Aber das ist nicht annähernd das, was möglich wäre, wenn Sie als Sie selbst leben. Überlegen Sie einmal, wie groß und vielfältig nun die Möglichkeiten sind, die anderen an sich selbst zu erinnern: in Ihrer Umgebung, Ihre Kinder, Ihren Partner, Ihre Berufskollegen und immer mehr als Selbst miteinander zu leben. Dann helfen Sie den anderen auch, den Lebenskünstler in sich zu entdecken und zu aktivieren.

6. Kapitel

3. Etappe: Jeder kann jederzeit alles ändern – Leben Sie in der Fülle

Das Geheimnis des Glücks

So nähern wir uns jetzt dem Geheimnis des Glücks. Die Suche nach Glück begleitet uns ein Leben lang. Kinder wissen noch, dass Glück ein ständiger Begleiter des Lebens ist. Aber irgendwann nehmen wir unsere Erwartungen immer weiter zurück und sind schon froh, wenn wir großes Unglück vermeiden können oder wir geben die Suche nach Glück schließlich ganz auf. Andere halten ihr Leben lang Ausschau nach dem Glück, blicken dabei aber in die falsche Richtung, weil sie glauben, das Glück im Außen zu finden, statt in sich selbst. Wir suchen nach Glück, haben aber überhaupt keine Vorstellung, was Glück überhaupt ist. Aus diesem Grund müssen wir es einmal definieren.

Ist Glück Reichtum? Wenn Sie ganz viele Millionen haben, ist das Glück? Sie werden sehr schnell erkennen, dass dem wohl nicht so ist. Vollkommene Gesundheit, ist das Glück? Nun, Gesundheit ist zwar angenehm, aber eigentlich eine natürliche Nebenwirkung Ihrer Selbstidentifikation. Gesundheit ist also kein Grund, glücklich zu sein. Eine glückliche Partnerschaft, ist das vielleicht Glück? Eine Zeitlang mag dies so scheinen, aber wie lange? Jede Partnerschaft hat sich irgendwann einmal erfüllt. Alles, was in dieser Welt einen Anfang hat, hat auch ein Ende. Und dann, bin ich dann unglücklich?

Ich erkenne, alle diese Dinge, Macht, Anerkennung, Zuneigung, Besitz und Geld sind zwar angenehme Dinge, haben aber nichts mit Glück zu tun. Das einzige wirkliche Glück ist, mir selbst zu begegnen und als ich selbst zu leben; das kann ich jederzeit, es ist vor allem unabhängig von irgendwelchen Umständen. Einer, auf den wir vielleicht mitleidig schauen, weil er nichts besitzt, unter einer Brücke schläft und sich mit Zeitungen zudeckt, der kann das Geheimnis des Glücks möglicherweise verwirklicht haben. Während ein anderer, der alles besitzt und im Überfluss lebt, vielleicht nie eine Chance hat, glücklich zu werden. Glück hat demnach nichts mit den Umständen zu tun.

Solange ich also Glück im Außen suche, wird mich eins nach dem anderen enttäuschen. Ich bin zufrieden, es ist interessant, wenn ich das Erstrebte erreiche, aber es macht mich nicht glücklich. Sie haben die Chance, glücklich zu sein, denn Sie sind sich mit Hilfe dieses Buches begegnet und Sie haben die Chance, als Sie selbst zu leben. Ich wiederhole: Im Einklang mit sich selbst zu leben, ist das einzige wahre Glück, das es in dieser Welt gibt. Weder unsere Eltern noch die Schulen sind in der Lage, uns den Weg zum Glück zu zeigen. Sie vermitteln uns vielmehr ihre Vorstellung vom Glück, die uns allerdings selten entspricht. Aber auch wenn wir unsere eigenen Wege zum Glück suchen, tappen wir in die gleiche Falle. Wir folgen nämlich unserer Vorstellung vom Glück – und sind genauso enttäuscht. Wir müssen daher aufhören, irgendwelche Vorstellungen von irgendetwas zu verwirklichen, stattdessen sollten wir in die Wahrnehmung gehen. Wenn jemand er selbst ist und vor Lebensfreude strahlend und singend durch den Alltag geht sowie froh seine Arbeit tut, dann meldet sich jedoch meist der Verstand und sagt: »Bist du verrückt und von allen guten Geistern verlassen? Schau dich doch mal an. Du hast doch keinen Grund, glücklich zu sein.« Damit ist der Mensch sofort wieder so unglücklich wie alle anderen. Lassen Sie sich deshalb nicht mehr von anderen in irgendeine Form zwingen, sondern folgen Sie einfach Ihrer Freude. Wer als glücklicher Mensch durchs Leben geht, dessen Tun und Sein bewirkt in seiner ganzen Umgebung die Wende zum Glück.

Im Außen ist Glück trügerisch. Mancher findet sein Glück vor dem Traualtar oder vor dem Scheidungsrichter. Für andere sind Kinder das höchste Glück der Welt, für andere nur Störenfriede und Kostenfaktoren. Für manche ist es schon ein Glück, wenn sie auf die Toilette gehen können, nachdem sie tagelang Verstopfung hatten. Sie können also alles als Auslöser für Glück nehmen, aber nichts macht Sie wirklich glücklich.

Sie können hierzu ein Experiment durchführen und Sie können gleich damit beginnen: Gewöhnen Sie sich doch jetzt, in diesem Augenblick, an, glücklich zu sein. Leben Sie einfach als ein Glücklicher. Tun Sie einmal so, als hätten Sie alles erreicht was Sie brauchen, um glücklich zu sein. Es gibt nichts mehr zu erreichen. Sie sind am Ziel und freuen sich darüber, dass Sie alles erreicht haben, was man erreichen kann. Schalten Sie einmal auf eine Stunde »glücklich sein« um und erwarten Sie ein Wunder, denn dann wird tatsächlich ein Wunder geschehen. Plötzlich häufen sich günstige Zufälle und Türen öffnen sich, die vorher verschlossen waren. Sie werden nie wieder auf dieses Wunder verzichten wollen, als glücklicher Mensch durchs Leben zu gehen. Sie können jederzeit damit beginnen. Machen Sie sich bewusst: In allem liegt ein Geschenk für mich. In allem! Und prüfen Sie ganz konkret: Wo liegt in diesem Augenblick mein Geschenk? Habe ich gerade eine Erkenntnis oder eine Begegnung? Oder fühle ich mich besonders gut? Spüren Sie einmal, wo im Moment dieses Geschenk ist und Sie werden es in jedem Augenblick identifizieren. »Sie selbst sein« und »glücklich sein« ist identisch.

Glück haben ist nicht Glückssache, es ist vielmehr gleichbedeutend mit »Talent für das Schicksal haben«. Wenn ich morgens aufstehe, habe ich die Wahl zwischen »glücklich sein« und »unglücklich sein« und raten Sie einmal, wie ich mich entscheide – jeden Morgen, ganz bewusst. Wir müssen es aber tun und wir können es, allein wir müssen es ganz bewusst tun. Wer als Glücklicher denkt und handelt, dessen ganzes Tun wird erfolgreich. Wer als glücklicher Mensch durch die Welt geht, lebt in einer faszinierenden Welt und wer alles als Glücklicher erlebt, den wird alles beglücken.

Lassen Sie mich in diesem Zusammenhang das Märchen vom Hemd eines Glücklichen erzählen: Es war einmal ein mächtiger

König, der wurde sehr krank und keiner seiner Ärzte konnte ihm helfen. Da schickte er nach dem Weisesten seines Reiches und fragte ihn: »Was kann ich tun, um wieder gesund zu werden?« Der Weise sagte: »Was dir fehlt, ist das Hemd eines Glücklichen. Trage dieses Hemd und du wirst wieder ganz gesund.« Doch der König verstand den Rat falsch, er nahm es wörtlich und schickte sofort seine Reiter ins Land, um ihm das Hemd eines Glücklichen zu bringen. Die Reiter fragten jeden, ob er glücklich sei, aber der eine sagte, er sei zu arm, als dass er glücklich sein könne. Der andere meinte: »Ich habe gerade mein Kind verloren. Wie kann ich glücklich sein?« Und wieder ein anderer erklärte: »Ich habe zwar alles, was man sich nur wünschen kann, aber glücklich, glücklich bin ich trotzdem nicht.« So kehrten die Reiter enttäuscht in den Palast zurück. Ein Reiter jedoch fand in dem entferntesten Winkel des Reiches einen armen Mann auf dem Feld bei der Arbeit und als er ihn fragte, ob er glücklich sei, sagte der: »Ja, jetzt wo du mich fragst, wird mir bewusst, dass ich glücklich bin.« Da war auch der Reiter sehr glücklich, denn er konnte seinen Auftrag ausführen und er verlangte das Hemd des Mannes für den König. Aber darauf erwiderte der Bauer: »Ich habe gar kein Hemd.« Mit dieser Botschaft ritt der Reiter zurück. Der König jedoch erkannte, dass man Glück nicht finden kann, sondern dass jeder in jedem Augenblick alles hat, um glücklich zu sein. Er begriff auch, dass es darauf ankommt, sein eigenes Hemd zu einem Hemd eines Glücklichen zu machen. Im gleichen Augenblick war er gesund.

Sie haben jetzt die gleiche Chance. Sie können jeden Morgen das Hemd eines Glücklichen anziehen. Es ist Ihre Entscheidung und Sie sind mitten drin in der Kunst zu leben. Sie sind ein Lebenskünstler.

Erfüllen Sie sich mit Freude und Fülle

Was ich Ihnen demonstrieren wollte: Sie können sich in Resonanz versetzen zu jedem Aspekt der Wirklichkeit. Gehen wir einen Schritt weiter. Versetzen Sie sich doch einmal in Resonanz zur Freude. Nehmen Sie Freude ins Bewusstsein und fühlen Sie Freude. Wenn Sie einen Grund zur Freude brauchen, sagen Sie: »Ich lebe. Ich bin aufgewacht. Ich bin Schöpfer. Ich kann alles ändern. Jetzt liegt ein Leben vor mir als Lebenskünstler.« Erfüllen Sie sich mit Freude und sorgen Sie dafür, dass in Ihnen nichts ist, was diese Freude verhindert. Gehen Sie also einmal ganz in Resonanz mit Freude und während Sie da bleiben, gehen Sie zusätzlich in Resonanz mit Erfolg. Lassen Sie also auch Erfolg in sich schwingen und sagen Sie in sich ja zum Erfolg. Spüren Sie, dass das zu Ihnen gehört und Sie in der richtigen Schwingung sind, erfolgreich zu sein. Manchem wird das ein wenig Schwierigkeiten machen. Warum fühlen Sie sich nicht wert, erfolgreich zu sein? Gehen wir noch einen Schritt weiter und versetzen wir uns in Resonanz mit Fülle. Lassen Sie nicht das Wort, die Energie von Fülle in sich wirken, sondern bringen Sie sich in Einklang mit Fülle. Sie haben Fülle. Fülle heißt, in allen Bereichen des Lebens alles zu haben, was ich zum vollen Ausdruck meines Lebens brauche.

Sie lernen gerade etwas ganz Wesentliches: sich mit etwas, das Sie haben wollen, in Einklang zu bringen, wodurch erst möglich wird, dass Sie es bekommen. Wenn Sie diesen Einklang jetzt nicht beenden, wenn Sie also weiterhin resonanzfähig bleiben, dann muss es darüber hinaus auch eintreten. Allein die Resonanzfähigkeit herzustellen für einen bestimmten Aspekt der Wirklichkeit verursacht, dass dieser Aspekt der Wirklichkeit in Erscheinung tritt. Voausgesetzt, Sie bleiben in dieser Resonanzfähigkeit, denn andernfalls bestellen Sie irgendetwas beim Versandhaus und wenn es geliefert wird, sind Sie längst nicht mehr in der Resonanz und stoßen es wieder ab. Sie können es nicht in Empfang nehmen, Sie sind nicht zu Hause. Das geht nicht. Aber es ist nicht schwierig, Sie können diese Resonanzfähigkeit trainieren.

Bleiben wir noch ein wenig bei dem Aspekt Fülle. Da viele Menschen Schwierigkeiten haben, sich Fülle bildhaft vorzustellen, leben sie im Mangel, zumindest in einigen Bereichen. Sie sind entweder in der Partnerschaft nicht zufrieden, beruflich nicht ganz glücklich oder haben eine zu kleine Wohnung, die vielleicht auch zu laut ist oder nicht im Grünen liegt. Hier ist keine Fülle. Dabei sind die schönsten Wohnungen da, es gibt die tollsten Sachen in Geschäften und in den Banken liegt haufenweise Geld. Also, es ist genug von allem vorhanden, Fülle ist existent. Was ist es denn, das die Trennung verursacht? Warum leben wir nicht in der Fülle? Ganz einfach, weil wir nicht resonanzfähig sind dafür. Weil wir uns selbst durch dieses Urteil »das steht mir nicht zu, da fühle ich mich nicht wert« davon trennen. Wir hätten einiges zwar gerne, der Verstand sagt: »Das wäre toll, sechs Richtige im Lotto oder den Jackpot mit 42 Millionen oder was auch immer, das wäre doch eine tolle Sache, aber das ist ja aussichtslos. Ich brauche gar nicht erst zu tippen, weil die Wahrscheinlichkeit, einen solchen Gewinn zu erzielen, sowieso gleich Null ist.« Dabei werden jede Woche hohe Gewinne an glückliche Lotto- und Lotteriespieler ausgezahlt, was beweist, dass es eben doch möglich ist, solche Gewinne zu erzielen. Warum also gewinne ich in Wirklichkeit nicht? Weil ich mich in Wahrheit gar nicht wert fühle, die Fülle zu bekommen und dann kann sie mich auch nicht erreichen, weil ich nicht zu Hause bin, sie in Empfang zu nehmen. Genau das machen die Millionen von Menschen, die nur von Reichtum und Fülle träumen, ohne sie je zu erreichen. Dabei gäbe es für alle Menschen genug zu essen, Reichtum und Wohlstand. Es ist von allem genug da, allein die Resonanzfähigkeit fehlt. Jeder bestimmt demnach sein eigenes Schicksal selbst.

Gehen Sie nun einmal hinein in einen Wunsch und betrachten Sie ihn als bereits erfüllt. Nehmen wir an, Ihr Ziel ist es, berühmt zu sein. Stellen Sie sich nun vor, Sie seien berühmt und fangen Sie an, berühmt zu leben. Jedermann auf der Straße erkennt Sie und alle grüßen respektvoll. Aber genauso können Sie nie mehr in Ruhe zum Shoppen gehen, weil die Leute hinter Ihnen herlaufen, um ein Autogramm von Ihnen zu ergattern. Prüfen Sie, ob Sie das wollen und denken Sie daran, dass Sie alles erreichen können, es spielt wirklich keine Rolle, was Sie anstreben. Sie müssen auch nicht meinen, dass Berühmtheit ein schlechtes Ziel sei oder nur Ihrem Ego dienen würde. Wenn es Ihnen Freude macht, ist es in Ordnung. Hören Sie auf zu urteilen, tun Sie es einfach. Selbst wenn Sie immer Sie selbst sind, tun Sie ja etwas. Sie möchten schließlich, dass Ihr Tun erfolgreich ist oder dass es zumindest erfüllend ist. Ich darf also all die Dinge in Erscheinung treten lassen, die mir Freude bereiten.

Ein Lebenskünstler sollte natürlich stets auch genügend Geld haben. Das heißt konkret, Sie sollten das Geheimnis des Reichtums kennen. Einen Teil dieses Geheimnisses kennen Sie schon, es ist Ihre Resonanzfähigkeit. Ihr inneres Bild, Ihre Resonanz entscheidet nämlich darüber, wie viel Reichtum sich in Ihrem Leben manifestieren kann. Reichtum bedeutet natürlich nicht nur Geld. Sie können reich sein an Freunden, an Lebensfreude, an Gesundheit und an Zufriedenheit. Es gibt also viele Arten, reich zu sein. Prüfen Sie einmal, welche Art Reichtum zu Ihnen gehört und welche davon Sie gerne verwirklichen möchten. Reich sein kann man aber nur innen, in sich selbst. Außen spiegelt sich nur die innere Wirklichkeit wider. Wenn Ihnen also irgendetwas an Ihrem Leben noch nicht gefällt, dann finden Sie die Ursache in sich, in dem entsprechenden inneren Bild und indem Sie dieses Bild ändern, ändern Sie Ihre äußere Wirklichkeit. Wenn Sie das aber im Außen versuchen, müssen Sie hart arbeiten, sich anstrengen und gegen die Konkurrenz durchsetzen, dann schaffen Sie es vielleicht mit Mühe und Not. Ob Sie Ihren Erfolg dann aber auch behalten, ist eine ganz andere Frage. Viel einfacher ist es deshalb, wenn Sie die inneren Bilder ändern.

Schließen Sie doch einmal die Augen und machen Sie sich bewusst, wie Ihr inneres Bild von Reichtum aussieht. Schauen Sie sich

Ihr inneres Bild, das Sie mit dem Begriff Reichtum verbinden, einmal ganz genau an oder – wenn Ihnen das lieber ist – Ihr inneres Bild von Wohlstand. Lassen Sie dieses Bild immer klarer werden, Sie können sich Ihren Wohlstand auch als einen Film oder eine Reihe von Bildern vorstellen. Sie schauen sich einfach einmal an, welche Bilder kommen, wenn Sie die Begriffe Reichtum oder Wohlstand in Ihr Bewusstsein holen. Dann prüfen Sie, ob Ihnen diese Bilder gefallen und ob sie Ihnen überhaupt entsprechen. Sollte dies nicht der Fall sein, dann machen Sie sich sofort ein neues, anderes Bild. Wiederholen Sie es so lange, bis Sie sagen können, »Ja, so stelle ich mir Reichtum und Wohlstand vor.« So können Sie auch alles andere, was Sie verwirklichen möchten, auf Ihren inneren Bildschirm holen und sich ein Idealbild vom erstrebten Zustand schaffen. Ich will Ihnen mit diesen Beispielen nur zeigen, wie einfach dies alles ist. Bleiben Sie immer in dem Bewusstsein, dass Sie ein Schöpfer sind. Sie können alles in jedem Augenblick verändern. Das »Wie« ist dabei völlig egal. Es ist genial einfach.

Erzeugen Sie Wohlstandsbewusstsein

Es ist Ihnen inzwischen sicherlich klar geworden, dass Sie als Lebenskünstler Wohlstandsbewusstsein brauchen. Die meisten Menschen haben allerdings ein Mangelbewusstsein und sagen: »Ah, ich wäre gerne gesund. Ich hätte gerne mehr Geld und ich würde gerne einen Partner kennen lernen.« Damit drücke ich ja aber nur aus: »Ich bin nicht gesund. Ich habe kein Geld und ich habe keinen Partner.« Sie bringen zum Ausdruck, dass Sie in Mangel leben und bestätigen sich diesen. Das müssen wir umdrehen, indem wir zunächst einmal das Mangelbewusstsein loslassen. Ihr derzeitiges Einkommen, der Stand Ihres Bankkontos, Ihr gesundheitlicher Zustand und die persönlichen Erfolge beim anderen Geschlecht, all das hängt in einem hohen Maß von einer inneren Formel ab, die Ihr Leben bestimmt. Und diese Formel ist Ihr Selbstbild. Was also haben Sie für eine Meinung von sich? Prüfen Sie einmal ganz ehrlich, was für ein Selbstbild Sie haben. Fühlen Sie sich einmal als der, der Sie wirklich sind und in diesem Bewusstsein machen Sie sich die Mangelsätze bewusst, die Sie vielleicht noch haben. Ein solcher Mangelsatz wäre zum Beispiel: »Man kann im Leben nun mal nicht alles erreichen.« Wer sagt das denn? Wo steht das? Es ist absoluter Unsinn, wird aber von den meisten Menschen geglaubt. Tatsache ist nämlich, Sie können alles erreichen, was Sie wirklich wollen. Es gibt überhaupt keine Grenzen. Oder ein anderer Satz: »Erfolg zu haben ist furchtbar mühsam.« Das ist natürlich auch Unsinn, denn mit Arbeit und Fleiß werden Sie Erfolg nicht erreichen. Arbeit und Fleiß sind bestenfalls vorübergehend hilfreich, was Sie stattdessen brauchen, ist das Bewusstsein eines Erfolgreichen. Sie müssen »das Hemd eines Glücklichen« tragen.

Sie können genauso gut »das Hemd eines Vollkommenen« tragen, das eines Königs oder eines Gottes. Unter dieser Voraussetzung ist Erfolg überhaupt nicht mühsam. Warum beispielsweise verdienen Sie Ihr Geld nicht im Schlaf? Ich sage Ihnen, wie das geht: Stellen Sie sich bildlich vor, was Sie erreichen möchten, sei es ein Ziel, eine Geldsumme, einen liebevollen Partner oder was immer Sie wollen. Wenn Sie das zu einem Bild verdichtet haben, machen Sie ein kleines Schläfchen und schlafen mit dem Bild des erwünschten Endzustandes ein. Das kann zu jeder Tageszeit sein. Zehn Minuten Schlaf sind ausreichend, die Dauer des Schlafes ist nicht wichtig, Sie müssen nur wirklich geschlafen haben, ruhen genügt nicht. Indem Sie das Geschehen mit in den Schlaf hineinnehmen, kann es nicht mehr »zerdacht« werden und es bleibt unzerstört in Ihrem Bewusstsein. Dort wirkt es und wirkt und wirkt, bis es Wirklichkeit wird.

Was glauben Sie denn, was der Satz in der Bibel bedeutet: »Den Seinen gibt's der Herr im Schlaf«? Genau das, was ich eben geschildert habe. Vorausgesetzt Sie sind einer »der Seinen«, denn Gott verkehrt nur mit seinesgleichen. Sie müssen also schon einer »der Seinen« sein, wenn Sie Ihr Geld, Ihre Ziele oder was auch immer im Schlaf erreichen wollen. Aber was heißt das eigentlich, einer »der Seinen« Gottes zu sein? Heißt das, dass Sie fromm sein müssen, stundenlang beten sollen oder gar jeden Tag in die Kirche gehen müssen? Mitnichten! Gemeint ist vielmehr, dass Sie erwacht und zu Bewusstsein gekommen sind. Dann erreichen Sie Ihre Ziele auch im Schlaf, dann ist nicht mehr zu tun.

Erzeugen Sie Behaglichkeit in sich

Nun könnten Sie gerade auch einmal Behaglichkeit in sich erzeugen. Sie haben das sicher schon erlebt bei einem Sonnenaufgang oder Sonnenuntergang, während eines Mondscheinspazierganges, bei einer Oper oder Operette oder im Konzert, im Kino, wenn Sie mit Ihrem Kind gespielt haben oder mit Ihrem Fahrrad unterwegs waren oder wo auch immer. Augenblicke also, in denen Sie sich so richtig in sich wohl fühlten. Aber warum brauchen Sie dazu einen besonderen Umstand? Das ist doch nur eine Illusion. Gehen Sie doch jetzt, in diesem Augenblick, während Sie das lesen, einmal in diese Behaglichkeit. Machen Sie sich bewusst: »Ich lebe und bin gerade auf dem Weg zu vollkommener Gesundheit. Ich öffne mich gerade vollkommen erfüllt, ich habe alles, was ich zum vollen Ausdruck meines Lebens brauche.« Spüren Sie diese Behaglichkeit des Bewusstseins: Ich bin am Ziel. Was soll es denn jetzt noch geben? Ich habe alles. Ich bin ein Schöpfer. Ich bin erwacht. Ich brauche nur dem Leben, meinem Butler, zu sagen, was ich gerne möchte und mein Butler Leben schafft es herbei, lässt es in Erscheinung treten, sei es als Umstand, als Ereignis, als Begegnung oder als Erlebnis. Ich kann alles haben, denn ich bin ein erwachter Gott.

Jetzt, in diesem Augenblick, hat mein eigentliches Leben begonnen und während der ganzen Zeit, während dieses eigentliche Leben geschieht, bleibe ich bei Bewusstsein, bin ich am Ziel. Ich brauche nicht mehr zu strampeln, mich nicht zu bemühen und an mir zu arbeiten. Ich kann aufhören zu versuchen, mich selbst zu verwirklichen, denn das Selbst, das ich bin, ist verwirklicht. Es gibt nichts zu verwirklichen. »Ich bin« ist vollkommen. Ich kann jetzt einfach zurückkehren in diese Vollkommenheit. Ich bin vollkommen. Ich bin am Ziel. Ich bin das Ziel. Mehr kann ich nicht erreichen.

Jetzt kann ich anfangen, den Weg wirklich zu genießen. Sagen Sie Ihrem Butler Leben, welche Umstände Sie dazu brauchen, welche Ereignisse, wie viel Geld, wie viel Gesundheit, wie viel Zufall.

Sie können jeden Zufall haben, wirklich jeden. Sie müssen es nur dem Leben sagen und wenn Sie in diese Behaglichkeit gehen, dann spüren Sie in sich die Leichtigkeit des Seins. Sie werden leben wie Sie schon immer leben wollten, es gibt keinerlei Probleme mehr, keine Schwierigkeiten und keine Wünsche. Was sollte sich ein Gott wünschen? Sie können ja alles haben. Sie haben gar keine Zeit zum Wünschen, da ist es auch schon passiert, in Erfüllung gegangen. Sie leben nun als Sie selbst. Dann erkennen Sie auch, dass es ein Märchen ist, dass Erfolg mit harter Arbeit verbunden ist und mit Fleiß, denn was Sie wirklich brauchen, ist nur Bewusstsein. Das allerdings brauchen Sie ständig.

Es ist so eine Sache mit der Meisterschaft. Sie können jetzt ein vollendeter Meister sein, im höchsten Bewusstsein, doch wenn Sie es gleich nicht mehr sind, ist die Meisterschaft zu Ende. Aber natürlich können Sie jederzeit wieder zurück in die Meisterschaft und dann sind Sie wieder Meister. Diese Form von spiritueller Meisterschaft ist eine Prüfung, die man in jedem Augenblick neu ablegen muss. Es ist also nicht so, dass man die Prüfung einmal ablegt, ein Diplom bekommt, das man sich an die Wand hängt und sich freut, die Meisterprüfung ein für allemal bestanden zu haben. Die Tests finden vielmehr in jedem Augenblick statt. Manchmal werden Sie Meister sein, aber dann wieder werden Sie auch kein Meister sein. Ich möchte Ihnen in diesem Zusammenhang das Märchen vom Wunschmännlein erzählen:

Es war einmal ein Bauer, der war sehr arm, obwohl er von morgens bis abends fleißig arbeitete. Ja, manchmal arbeitete er sogar noch in der Dunkelheit, um sein Tagwerk zu vollenden. Als er eines Tages wieder auf dem Feld arbeitete und sehr schwitzte, weil die Sonne heiß vom Himmel brannte, dachte er so vor sich hin, das Leben sollte nicht solch eine Plage sein. Da stand plötzlich ein kleines Männchen vor ihm in der Furche und sprach: »Du hast Recht. Das Leben ist den Menschen zur Freude geschenkt worden und weil du einen Wunsch in deinem Herzen bewegt hast, will ich dir einen Weg zeigen, wie du dir von nun an alle Wünsche erfüllen kannst. Wenn du wieder einmal von Herzen einen Wunsch hast, schreibe ihn auf ein Stück Papier oder Holz, mache damit ein Feuer und während du um das Feuer tanzt und dabei deinen Wunsch denkst, singe die Worte: ›Schön, dass ich das hab', schön, dass ich das hab'.‹ Es wird nicht lange dauern und schneller als du denkst, wird sich dein Wunsch erfüllen.« Sprach's und war verschwunden.

Der Bauer konnte nicht so recht glauben, was er erlebt hatte. Aber als ein paar Tage später der Steuereintreiber kam, der die Steuern kassieren wollte und der Beutel des Bauern fast leer war, da testete er den Rat des Männleins. Er schrieb auf ein Papier »ein Beutel voller Gold«, machte damit ein Feuer, tanzte herum und sang: »Schön, dass ich es hab', schön, dass ich es hab'.« Und siehe, als der Steuereintreiber wiederkam, war sein Beutel voll, so dass noch reichlich übrig blieb, nachdem er die Steuern bezahlt hatte. So kaufte er sich einen größeren Bauernhof und stellte Knechte und Mägde ein. Immer wenn der Beutel leer wurde, füllte er ihn wieder so, wie das Männchen ihn gelehrt hatte und er lebte fortan reich und glücklich bis an sein Ende.

Da nun auch Sie das Geheimnis des Wunschmännleins kennen, können Sie sich ab sofort jeden Wunsch erfüllen und auch anderen helfen, sich ihre Wünsche zu erfüllen, bis alle glücklich und zufrieden sind. Aber betrachten wir uns doch einmal die einzelnen Schritte in diesem Märchen: Auf ein Holz oder Papier schreiben heißt, sich bewusst machen, was ich will, um den erwünschten Endzustand zu schaffen, man muss sich demnach ein klares Ziel setzen. Ein Feuer machen, bedeutet zu transformieren, etwas auf eine höhere, energetische Ebene zu erheben, also zu Bewusstsein kommen und in die höhere Schwingung gehen, wo ich meinen Wunsch als bereits erfüllt im Bewusstsein halte.

Ich möchte Sie in diesem Zusammenhang an eine Bibelstelle erinnern, an Markus 11, 24: »Bittet um was Ihr wollt. Glaubt nur, dass Ihr es erhalten habt und es wird Euch werden.« Also tanzte der Bauer um das Feuer und hielt – jetzt übersetzt – in seinem Bewusstsein das Bewusstsein des erfüllten Wunsches, ausgedrückt in »danke, dass ich das habe«, dass dieser Wunsch erfüllt ist, dass ich in der gewünschten Situation lebe, dass es geschehen ist. Das ist alles. »Bittet um was Ihr wollt, glaubt nur, dass Ihr es erhalten habt und es wird Euch werden.« Das funktionierte offenbar schon vor zweitausend Jahren, genauso wie jetzt und in zweitausend Jahren. Sie sollten es ausprobieren!

Woher kommt es dann, dass Menschen hungern, dass sie arm sind und oftmals in Elend leben? Nun, dafür sind die Menschen verantwortlich, die solche Zustände schaffen. Politik kommt von Politikern und Wirtschaft kommt von Wirtschaftlern. Das sind die Menschen, die das machen. Das sind keine Gegebenheiten wie ein Unwetter, von dem man sagt: »Jetzt hagelt es, da kann man nichts machen, das ist eben ein Naturereignis.« Sondern es sind Dinge, Gegebenheiten, die von Menschen geschaffen werden und die deshalb auch verändert werden können. Sie können verändert werden durch das Bewusstsein der Menschen, die sie verursachen. Wir sind gerade dabei, das für uns zu ändern, indem wir sagen: »Okay, ich öffne mich erst einmal für die Fülle. Ich muss jetzt nicht gleich die ganze Welt versorgen. Die anderen haben ja auch ein Bewusstsein. Die können für sich sorgen. Wenn jeder für sich sorgt, ist für alle gesorgt. Also, zunächst einmal bin ich meine Hauptaufgabe.«

Also öffnen Sie sich erst einmal für die Fülle für sich selbst. Machen Sie sich resonanzfähig und lassen Sie die anderen so wie sie sind. Wenn Sie das geschafft haben, dann demonstrieren Sie in Ihrer Umgebung, in Ihrer Familie, bei Ihren Freunden oder an Ihrem Arbeitsplatz diese Resonanzfähigkeit und was sie bewirkt. Dann werden die das auch haben wollen und Sie werden ihnen sagen: »Wenn ihr das nur haben wollt, könnt ihr es nicht kriegen, es sei denn, ihr ändert euer Bewusstsein. Ihr müsst euch erst einmal resonanzfähig machen und ihr müsst, wenn geliefert wird, zu Hause sein, damit ihr das Erwünschte in Empfang nehmen könnt. Ihr müsst also stimmen dafür, dann kriegt ihr all das auch.« Dann fühlen auch sie die Freude, sind glücklich und werden Lebenskünstler.

Glauben Sie das wirklich??? In Wirklichkeit werden Sie nämlich ein negatives Wunder erleben: Ihr Umfeld will gar nichts davon wissen, es interessiert es überhaupt nicht, was Sie ihm mit so viel Enthusiasmus erzählen. Das wird schon in Ihrer Familie, in Ihrem

Freundeskreis beginnen. Sprechen Sie daher nicht vorher über Ihr Vorhaben, sondern erst, wenn Sie mit Hilfe der Resonanzfähigkeit Ihre Ziele erreicht haben. In dieser Beziehung können wir etwas von den Hühnern lernen: Die gackern erst, wenn sie ein Ei gelegt haben. Also, reden Sie erst, wenn etwas da ist.

Aber selbst wenn Sie dieses Ei gelegt haben und wenn es bei Ihnen stimmt, werden die anderen sagen: »Ach, so einfach ist das dann auch wieder nicht. Wenn es so einfach wäre, dann würden die Menschen ja alle in der Fülle leben und keiner bräuchte Not leiden. So einfach geht das sicher nicht.« Sollten Sie darauf entgegnen: »Schau her, ich hab's doch gemacht!«, werden Sie wohl zu hören bekommen: »Na ja, da hast du eben Glück gehabt. Ich gönne es dir, aber das geht nicht bei jedem. Ich brauche das gar nicht erst zu versuchen. Das klappt bei mir bestimmt nicht.« Wenn die Person es mit dieser Einstellung tatsächlich versuchen würde, würde das nichts bewirken, weil sie ja überzeugt ist: So einfach geht das nicht.

Es gibt auch in meinen Seminaren immer wieder Teilnehmer, die mir sagen: »Herr Tepperwein, also das muss ich jetzt einmal sagen, Sie machen es sich wirklich ein bisschen einfach.« Ich entgegne dann darauf: »Genau das mache ich.« Und ich möchte, dass Sie genau dasselbe tun. Machen Sie es sich einfach. Das ist exakt das Thema dieses Buches: Als Lebenskünstler leben. Machen Sie es sich einfach. Wo steht denn geschrieben, dass man es sich schwer machen muss im Leben? Machen Sie es sich einfach. Reden Sie nicht darüber, tun Sie es. Bringen Sie sich in diese Resonanz und stellen Sie plötzlich fest, dass der Zufall Ihnen gehorcht. Wenn Sie also in Resonanz gehen zu einem Aspekt der Wirklichkeit, egal welchen Sie wählen, sagen wir einmal Gesundheit, dann bekommen Sie plötzlich Appetit auf Gesünderes. Plötzlich fallen Ihnen einschlägige Bücher in die Hand und Sie kommen ins Gespräch mit jemandem über gesunde Lebensweise. Auf einmal ist also Gesundheit ein Thema, Sie haben sich bisher lediglich nicht so sehr darum gekümmert.

Sie können sich auch mit etwas ganz Ausgefallenem resonanzfähig machen. Das Leben wählt unglaubliche Zufälle, wenn man resonanzfähig dafür ist, denn alle Umstände Ihres Lebens, alle ohne Ausnahme, hängen ab von Ihrer Resonanzfähigkeit. Wenn Sie für etwas nicht resonanzfähig sind, kann das in Ihrem Leben nicht in Erscheinung treten. Wenn Sie also für Reichtum nicht resonanzfähig sind, dann deshalb, weil Sie glauben, es sei nicht gerecht, dass einer viel hat und ein anderer wenig.

Wenn Sie eine Goldgrube erben, die bis dahin für 10 Millionen Gold produzierte und jetzt gehört sie Ihnen, aber Sie sind nicht resonanzfähig dafür, dann wird die Grube überschwemmt oder das Gold ist nichts mehr wert. Irgendetwas passiert, weil Sie nicht resonanzfähig sind. In der Bibel gibt es eine interessante Stelle, die den Christen wenigstens dieses sonderbare Ideal von Sozialismus austreibt. Jesus sagt nämlich: »Wer da hat, dem wird gegeben werden auf dass er die Fülle habe. Wer da aber nicht hat, dem wird das Wenige auch noch genommen.« Das hört sich sehr unsozial an, aber in Wahrheit ist das ein Gesetz. Wer da hat, nämlich Bewusstsein, wer also aufgewacht ist, dem fließt alles zu. Wer aber schläft, der verliert das bisschen noch, was er hatte. Aber nicht, weil ihn die Schöpfung ärgern will oder weil Jesus sagt: »Die Schläfer mag ich nicht, ich mag nur die Aufgewachten.« Nein, er verliert alles, damit er irgendwann wach wird, weil er nichts mehr hat und sieht, der andere besitzt so viel – was macht der nur anders? Dann hat er eine Chance, wach zu werden, da er anfängt zu suchen, was schließlich genau der Sinn der Sache ist. Es geht uns solange schlecht, bis wir anfangen zu suchen und wenn wir lange genug gesucht haben, dann finden wir auch.

Wenn Sie einmal in Indien waren, werden Sie feststellen, dass Sie dort überall mit Bettelei konfrontiert werden. Sie können keine fünf Minuten gehen, ohne von einem oder mehreren angebettelt zu werden. Die Weisen aller Kulturen, die sich nie kannten, haben in diesem einen Punkt alle das Gleiche gesagt: »Gib nie einem Bettler irgendetwas.« Sie haben nicht untersagt, den Armen zu helfen, sondern allein, ihnen nichts zu geben. Einer hat es so ausgedrückt: »Schenkst du einem Bettler einen Fisch, machst du ihn satt für einen Tag. Zeigst du ihm aber wie man angelt, machst du ihn satt für sein ganzes Leben.« Und genau das sollten wir tun. Wir sollten dem Bettler keinen Fisch, im übertragenen Sinn, schenken, denn am nächsten Tag hat er wieder Hunger. Das nützt also nichts. Wenn Sie ihm auch noch so viel Geld geben, irgendwann ist es wieder zu Ende. Das nützt ihm also ebenfalls nichts, er hat ja nichts gelernt. Er hat nur eines gelernt: Kinder, geht nicht mehr in die Schule, mit Betteln verdient man mehr. Und weil die Kinder so niedlich sind, geben wir ihnen stets etwas, nicht viel, aber wir geben etwas, weil sie ja offensichtlich arm sind und da verlangt es schließlich die Menschlichkeit, ihnen zu helfen. Auf diese Weise verdient ein Kind oftmals dreimal soviel wie sein Vater, der zehn Stunden am Tag arbeitet. Was lernt der Vater daraus? Arbeiten bringt überhaupt nichts. Das macht nur kaputt. Hör auf zu arbeiten und fange stattdessen an zu betteln. Diese Tatsache haben Sie ihm beigebracht, wenn Sie ihm oder seinen Kindern etwas geben.

Aber stellen Sie sich vor, sie fänden einen Weg, diesen Menschen etwas über Resonanzfähigkeit zu sagen – das wäre wunderbar. Doch in der Realität wollen sie gar nichts darüber wissen und deshalb wenden sie es auch nicht an. Einige meiner Freunde waren einmal Entwicklungshelfer. Heute ist es keiner mehr von ihnen, denn alle haben verzweifelt irgendwann aufgegeben. In Abessinien zum Beispiel haben sie den Menschen, weil die Kinder verhungerten, Milchpulver gegeben. Sie haben ihnen gezeigt, wie man die Kinder damit ernährt. Was aber haben die Menschen dort mit dem Pulver gemacht? Sie haben eine Pampe daraus bereitet und ihre Häuser damit angestrichen. Die Kinder hatten weiterhin nichts zu essen, aber die Häuser waren danach eine Zeitlang schön weiß.

Ein weiteres Beispiel: Zwei meiner Freunde, ebenfalls Entwicklungshelfer, einer Ingenieur, der andere Arzt, haben in Eritrea ein

Volk besucht, bei dem vier Monate im Jahr Dürre herrschte. Das Vieh verdurstete und die Menschen dürsteten ebenfalls. Es fehlte ein Brunnen, um diesem Übel beizukommen. Also haben sie sich zusammengetan und in Deutschland Geld gesammelt für einen Brunnen. Da sie vorausschauend waren, haben sie gewusst, wenn sie dort einen Brunnen bauen, dann kommen die Menschen aus entfernteren Dörfern ebenfalls in das Dorf mit dem Brunnen und bringen natürlich auch ihr Vieh mit. Also, so dachten sie, müssen wir den Brunnen groß genug bauen, damit seine Kapazität ausreichend ist. Als schließlich tatsächlich genügend Wasser da war, kamen, wie sie es vorausgesehen hatten, die Leute aus den Dörfern der näheren und weiteren Umgebung und brachten selbstverständlich auch ihr Vieh mit. Der Ort wuchs, es war wunderbar und alles in Ordnung. Nach ein paar Jahren allerdings war der Grundwasserspiegel sehr weit abgesunken und sie mussten deshalb tiefer bohren. Aber eines Tages stießen sie auf Fels, sie waren am Ende, tiefer ging es nicht mehr. Zwei Jahre später endlich war der Grundwasserspiegel abgesunken bis auf den Fels und der Brunnen trocknete völlig aus. Jetzt gab es nicht mehr nur acht Monate im Jahr kein Wasser mehr, sondern es war überhaupt kein Wasser mehr vorhanden. Die Menschen zogen wieder fort, die Hütten verfielen und meine Freunde machten sich Vorwürfe, weil sie, statt tatsächlich zu helfen, diesen Ort zerstört haben, indem sie die Natur geplündert und zerstört hatten. Sie hatten sich alles genau überlegt und waren so guter Absicht gewesen, wollten helfen, aber haben in Wirklichkeit nur gestört.

Deswegen möchte ich Sie immer wieder daran erinnern: Versuchen Sie nicht kurzsichtig zu helfen, sondern überlegen Sie, wenn Sie helfen wollen, wie helfen Sie dem anderen wirklich? Helfen Sie nie, indem Sie dem anderen etwas schenken, denn wenn ich jemanden beschenke, mache ich ihn zum Bettler. Wenn ich meine Seminare beispielsweise kostenlos halten würde, dann würden zweifellos einige Leute kommen, aber ich müsste den Saal, und alles was sonst noch erforderlich ist, bezahlen. Ich würde das gerne tun und könnte es mir auch leisten, aber es würde nicht stimmen. Ich hätte

Disharmonie verursacht. Ich hätte etwas gegeben und die Teilnehmer hätten keine Chance, etwas wiederzugeben. Wir wären in Disharmonie, sie würden mir etwas schulden und das würde nicht stimmen. Also muss das Geben und Nehmen ausgeglichen, im Gleichgewicht sein. Dann tauschen wir nur die Leistungen aus und es stimmt. Nur so kann man helfen. Diese Gesetzmäßigkeiten müssen einfach beachtet werden, wenn man wirklich helfen will.

Damit haben wir den Schlüssel für die Resonanzfähigkeit. Wie vorhin gesagt, Sie wären vielleicht frustriert, weil die anderen, Ihre Freunde, vielleicht sogar Ihre engste Familie, nichts davon halten und es nicht einmal versuchen mit der Resonanzfähigkeit. Ich hatte einige solcher Fälle, bis ich das endlich begriffen habe. Ich erinnere mich dabei an einen Fall vor vielen Jahren. Da kam jemand zu mir und sagte: »Herr Tepperwein, ich habe solche Probleme, Sie sind meine letzte Rettung! Helfen Sie mir!« Ich fragte: »Gut, worin besteht Ihr Problem?« Er hat es mir geschildert und ich erklärte ihm dem Weg, schilderte ihm genau die einzelnen Schritte zum Ziel, damit er sein Problem lösen könne. Ich war stolz auf mich, dass ich das so klar gesehen hatte und ihm präzise die Lösung seines Problems aufzeigen konnte. Er aber meinte dann: »Ja, irgendeinen Weg muss ich finden, um endlich da hinauszukommen ... « Etwas erstaunt dachte ich, ich hätte mich vielleicht nicht klar genug ausgedrückt und erklärte es ihm noch einmal in aller Ausführlichkeit. Seine Antwort: »Hoffentlich finde ich irgendjemanden, der mir hilft!« Ich hatte es ihm zu diesem Zeitpunkt bereits sechsmal in allen Details erklärt. Erst dann habe ich aber verstanden, wo das Problem lag. Zuerst dachte ich nämlich, er sei schwer von Begriff oder ich drückte mich nicht deutlich genug aus. Aber ich begriff endlich, der Mensch wollte überhaupt nicht verstehen. Ich hätte ihm den Weg zur Lösung seines Problems noch hundertmal erklären können, er hätte nur wieder gesagt: »Irgendeinen Weg muss ich finden.« Dieser Mensch wollte in Wirklichkeit keinen Weg sehen, er brauchte sein Problem, er wollte sich beklagen und suchte niemanden, der es löst.

Das erinnert mich ein wenig an eine Geschichte aus der hinduistischen Mythologie: Ein Mann war viele Inkarnationen unterwegs, um Gott zu suchen. Immer getrieben von der Sehnsucht nach Gott, nahm er Strapazen auf sich, fastete, folgte einem Guru nach dem anderen und ging durch Wüsten. Eines Tages, nach unzähligen Inkarnation, kam er zu einem Haus und wusste sofort, hier wohnt Gott. Voller Freude ging er die Stufen hinauf und wollte anklopfen. Aber da dachte er: »Wenn ich jetzt klopfe und Gott lässt mich ein, dann ist ja meine ganze Suche zu Ende. Die interessanten Pilgerreisen, die Hoffnung, all das, was mein Leben ausgemacht hat viele Inkarnationen hindurch.« Da zog er die Schuhe aus und ging auf Socken die Stufen wieder hinunter und machte sich weiter auf die Suche nach Gott. Er wusste, er durfte überall suchen, nur nicht dort, wo er ihn finden würde. Genauso verhalten sich viele Menschen bei ihren Problemen. Sollte tatsächlich jemand kommen, der sagt: »Hier ist die Lösung für dein Problem«, dann ist er schnell weg, denn er will überhaupt keine Lösung, sondern er sucht lediglich jemanden, bei dem er sich über sein Problem beklagen kann.

Heben Sie Begrenzungen einfach auf

Greifen wir einen Punkt heraus, der für viele andere als Beispiel dienen möge: Sie haben den Beruf, der Ihnen Spaß macht, aber er bringt Ihnen nicht genug ein, damit Sie davon in Wohlstand leben können. Warum tut er das nicht? Der Mangel ist im Bewusstsein, es ist ein Glaubenssatz: »Ich glaube, dass diese Tätigkeit eben nur so bezahlt wird und da muss man quantitativ mehr leisten, damit das Geld zusammenkommt, was ich zum Leben brauche.« Wir werden eine ganze Reihe solcher begrenzender Sätze in uns entdecken. Weil wir das glauben, verursachen wir es und weil wir es verursachen, geschieht es und weil es geschieht, wird unser Glaube bestätigt: »Na siehst du, ich erlebe es ja selbst. Ich versuche ja mehr, aber es geht ganz einfach nicht.« Wenn Sie einen solchen Glaubenssatz haben, dann müssen Sie überlegen: Wie kann ich diese Begrenzung auflösen? Wie kann ich vermeiden, das zu tun, was all die anderen tun. Denn wenn ich das tue, was die anderen tun und wenn ich es so ausführe, wie sie es tun, dann verdiene ich auch nur das, was die anderen verdienen. Dann bleibe ich innerhalb der Grenzen. Also muss ich irgendwo diese Grenze überschreiten, etwas Besonderes erfinden.

Jetzt könnten Sie wieder vom Ziel aus denken und dies gilt für all Ihre übrigen Überlegungen genauso: Was könnte ich denn Besonderes bieten, womit ich das verdiene, was ich gerne hätte? Denken Sie dabei nicht in der Begrenzung: »Aber das kann ich ja nicht.« Sondern stellen Sie sich vor, Sie könnten alles und bräuchten nur darüber nachzudenken: »Was müßte es denn geben? Also, was wäre gut, wofür würden die Leute Geld ausgeben?« Dann überlegen Sie: »Wie erlerne ich das? Wo kann man das erfahren?« Nun fertigen Sie eine größere Liste von solchen Möglichkeiten an, Sie denken also nicht nur an eine Möglichkeit. Dann suchen Sie sich das davon aus, was realistisch zu verwirklichen ist. Sie werden immer wieder etwas finden.

Ich habe zum Beispiel eine solche Situation erlebt. Ich ging eines Tages spazieren und kam in der Fußgängerzone an einem kleinen

Lädchen vorbei, nur drei Meter breit. Da stand ein Schild daran: zu vermieten. Da habe ich gedacht, das müsste doch eine Goldgrube sein, hier in der Fußgängerzone so ein Minilädchen zu haben. Vorher war ein Silberschmied drin gewesen, der in Konkurs geraten war. Der Laden war also noch nicht vermietet. Ich bin dann hineingegangen und eine halbe Stunde später hatte ich einen 10-Jahres-Vertrag. Ich wusste zwar immer noch nicht, was ich damit machen sollte, aber ich wusste, das ist so ein schnuckeliges Lädchen, das muss einfach etwas werden. Dann habe ich überlegt, was ich jetzt damit machen sollte. Pelze, Schmuck, Bücher, alles Mögliche ging mir durch den Kopf. Meiner Frau zuliebe bin ich dann bei Bekleidung hängen geblieben. Also haben wir eine Boutique aus diesem Laden gemacht. Ich habe viel eingerichtet, mich dann aber nicht mehr darum gekümmert, denn ich hatte ja meinen Beruf. So nach sechs bis acht Wochen habe ich meine Frau gefragt: »Wie läuft eigentlich dein Laden?« Worauf sie erwiderte: »Weiß ich nicht, wie stellt man das denn fest?« »Das ist doch ganz einfach, zum Beispiel indem man nachprüft, ob etwas von den Einnahmen übrig geblieben ist.« Darauf sie: »Und wie merkt man das?« »Du musst doch deine Buchhaltung machen.« »Was ist das?« Ich sagte: »Die Belege, die Rechnungen.« »Das habe ich in einem Schuhkarton alles aufeinander gestapelt.« Daraufhin habe ich also einmal durchgebucht und erstaunt geguckt. Sie hatte doch tatsächlich fünfeinhalbtausend Mark Überschuss erwirtschaftet und sie wusste es nicht. Dann haben wir das gezielt vervielfacht. Als wir schließlich so auf zwölf- bis fünfzehntausend Mark im Monat kamen, fing ich an, Boutiquen für andere zu produzieren, denn es gab überraschend viele, die eine haben wollten. Danach habe ich an jedem Wochenende zehntausend Mark verdient, ohne etwas zu investieren. Ich habe zu dem Interessenten gesagt: »Sie wollen also eine Boutique haben? Gut, ich richte sie Ihnen ein. Das kostet zwanzigtausend Mark, zehntausend Mark zahlen Sie an, die restlichen zehntausend Mark werden bei Übernahme der voll eingerichteten Boutique fällig, mit Ware, Telefonanschluss, Verkaufsmöbeln und dergleichen, alles perfekt gemacht.«

So habe ich an jedem Wochenende eine Boutique eingerichtet, das heißt zu Anfang nicht. Ich hätte sie einrichten können, ich bin gelernter Schreiner, das liegt mir und macht mir Freude. Es gab da nur ein Handikap: Die Einrichtung jeder Boutique musste dreimal lackiert werden, damit sie seidenmatt war und der Lack musste jedes Mal trocknen. Es dauerte also immer vier bis fünf Tage, bis eine Lackierung getrocknet war, dann erst konnte die nächste Lackierung in Angriff genommen werden. Ich habe mit allen möglichen Malermeistern gesprochen, wie man das ändern könne, aber die Fachleute erklärten mir, dass es nur so und nicht anders ginge. Schließlich aber habe ich etwas gemacht, was dem Malermeister, mit dem ich darüber sprach, die Haare zu Berge stehen ließ: Ich habe den Lack mit einer Lammfellrolle aufgetragen, dick genug, dass nur ein Anstrich erforderlich war. Jetzt trocknete der Anstrich natürlich so, dass er ein Profil erhielt. Es war nun zwar deckend, aber es wurde nicht seidenmatt, sondern es hatte eine Struktur. Also habe ich von da an Folgendes angeboten: Entweder Sie bekommen die Boutique ganz normal seidenmatt oder aber, gegen einen kleinen Aufpreis, relieflackiert. Die meisten Kunden haben von da an relieflackierte Boutiquen bestellt, insgesamt 122-mal. Der Aufpreis war ganz gering und damit war alles an einem Wochenende machbar.

Was ich damit sagen will: Ich stand vor einer Frage, die verhinderte, dass Dinge flüssig liefen, aber es musste eine Lösung geben. Da habe ich vor zweiundzwanzig Jahren gelernt: Für jede Aufgabe gibt es immer eine Lösung und wir können aus jedem Nachteil einen Vorteil machen. Also denken Sie nicht mehr in Kategorien, wie »ja, wenn das so ist, dann muss ich ja ...«, sondern anders herum, fragen Sie sich: »Was könnte ich an Besonderem bieten, das so gut bezahlt wird, damit ich das bekomme, was ich haben will und keine Begrenzung habe?«

Ich will Ihnen damit klarmachen, Sie werden immer wieder einmal, auch als Lebenskünstler, vor irgendeiner Aufgabe stehen, beispielsweise genug zu verdienen. Wenn Sie innerhalb der vorgegebenen Grenzen bleiben, dann werden Sie eben diese Bedingungen vorfinden, die innerhalb dieser Grenzen herrschen. So geht das also nicht. Sie müssen stattdessen eine besondere Leistung erfinden.

Nehmen wir ein anderes Beispiel aus meinem Leben. Ich hatte damals folgende Schwierigkeit: Ich war noch nicht Heilpraktiker, wollte aber schon praktizieren und bin deshalb zum Gesundheitsamt gegangen, das mir allerdings die Ausübung untersagt hat. Ich sagte: »Also gut, praktizieren darf ich nicht, aber darf ich ›Yogation‹ ausüben?« Der Mann vom Gesundheitsamt fragte natürlich, was das sei. Das Wort hatte ich selbstverständlich vorher erfunden, es konnte also in keiner Bestimmung stehen, dass das verboten sei. Und dann habe ich ihm erklärt: »Yogation ist eine Kombination aus Yoga und Meditation, sie trägt zur inneren Ausrichtung des Menschen und zu seinem Wohlbefinden bei...« »Also gut, Yogation dürfen Sie ausüben, aber Sie dürfen nicht behandeln!« So habe ich Yogation gemacht, bis ich die Prüfung als Heilpraktiker abgelegt hatte.

Die Quintessenz aus meinen Ausführungen ist ganz einfach: Es gibt für alles eine Lösung – finden Sie sie. Sagen Sie nicht: »Das geht nicht, weil ...« Wann immer Sie im Leben diesen Satz sagen, geht es tatsächlich nicht und Sie müssen sich daran halten. Aber jetzt müssen Sie die zweite Frage stellen, die da lautet: »Unter welchen Umständen ginge es denn?« Es gab in meinem geschilderten Beispiel nämlich noch eine andere Möglichkeit: Sie dürfen unterrichten. Sie dürfen natürlich auch Einzelunterricht geben und Sie dürfen im Einzelunterricht schließlich auch praktisch demonstrieren, wie etwas geht. Wie ist das jetzt von einer Behandlung zu unterscheiden? Nun, natürlich überhaupt nicht mehr! Es heißt nur anders. Ich will damit nicht sagen, dass Sie schlitzohrig sein sollen, sondern Sie sollen nach Lösungen suchen, wenn Sie vor einer Aufgabe stehen und es ist wichtig, dass Sie diese Aufgabe erfüllen. Sie sollten dabei nicht über irgendwelche Dinge stolpern müssen oder sich Grenzen setzen, sondern Sie müssen wissen, wenn Sie die Aufgabe haben, dann gibt es eine Lösung, völlig legal, mit Zustimmung von Behörden oder sonstigen Einrichtungen, deren Zustimmung Sie benötigen.

Leben Sie Ihr Leben kompromisslos

Das meine ich mit »als Lebenskünstler handeln«: Lassen Sie sich nicht mehr einsperren in irgendwelche Gegebenheiten. Gehen Sie einfach in einen Freiraum und wenn er nicht da ist, dann schaffen Sie sich diesen Freiraum und erkennen Sie Ihre wahre Größe, erkennen Sie, was in Ihnen steckt. Jemand hat einmal gesagt: »Es gibt Regeln, wie man ein glückliches, sorgenfreies und erfülltes Leben führen kann. Unglücklicherweise weiß niemand, wie sie lauten.« Eine Regel aber könnte sicher lauten: Lebe Dein Leben. Also, was würden Sie tun – eine ganz konkrete Frage an Sie, auf die Sie Ihre Antwort finden sollten –, wenn Sie heute frei wären vom Zwang, Geld verdienen zu müssen. Nehmen wir einmal an, Sie bekämen lebenslang eine Staatsrente von monatlich fünftausend Euro. Was würden Sie dann anstellen? Viele werden sagen: »Ich tue überhaupt nichts mehr, ich tue dann nur noch ...« Ja, was denn nun? Wir können nämlich nicht »nichts tun«, wir träumen nur davon.

In Amerika ist einmal ein solches Experiment durchgeführt worden mit Studenten, die zwanzig Dollar die Stunde bekamen fürs absolute Nichtstun. Sie brauchten nur in einem klimatisierten Raum auf einem bequemen Sessel zu sitzen und hatten ansonsten nichts zu tun. Der Erste ist sage und schreibe schon nach 33 Minuten geflüchtet, kein Einziger hat es einen Tag lang ausgehalten. Das können wir also nicht, das heißt wir brauchen etwas, das wir tun dürfen.

Was würden Sie also gerne tun wollen, wenn es keinen Zwang mehr gäbe, Geld verdienen zu müssen? Machen Sie eine lange Liste all Ihrer Freuden, »am liebsten würde ich ... usw.« Aber lassen Sie sich nicht leiten von Gedanken wie man am besten Geld verdienen kann. Vielleicht sagen Sie: »Am liebsten würde ich den ganzen Tag im Bett liegen.« Gut, dann werden sie Testschläfer bei einem Matratzenhersteller. Schreiben Sie einmal alles auf. Sie schreiben auf, was Ihnen dabei in den Sinn kommt, zum Beispiel Angeln oder Briefmarken sammeln oder was auch immer. Sie denken nicht daran, ob man damit

Geld verdient oder nicht, sondern ausschließlich daran, ob Sie etwas gerne tun würden. Finden Sie mindestens zwanzig, dreißig oder vielleicht sogar fünfzig Möglichkeiten, die Sie gerne tun würden. Dann geben Sie den einzelnen Möglichkeiten Prioritäten, überlegen Sie, was davon würden Sie am liebsten tun. Dieser Tätigkeit geben Sie die Nummer eins, der zweitliebsten die Nummer zwei usw. bis zur Nummer fünf, weiter brauchen Sie nicht zu gehen. Aus diesen ersten fünf Möglichkeiten schaffen Sie sich Ihren neuen Beruf und gestatten dem Leben, dass Sie gut bezahlt werden dafür, damit Sie das tun, was Ihnen ohnehin am meisten Spaß macht. Sie brauchen dann nie mehr zu arbeiten und haben bezahlten Urlaub für immer!

Daher: Hören Sie auf zu arbeiten! Nehmen Sie wiederum mich als Beispiel: Ich arbeite schon viele Jahre nicht mehr. Ich habe mir vor Jahren einmal überlegt, was ich am liebsten machen würde. Mein Lebensabend war gesichert, ich brauchte also nichts mehr zu verdienen. Also habe ich mich gefragt, was ich am liebsten tun würde. Da sagte ich mir, ich möchte Zeit haben, das Leben zu erforschen, die Geheimnisse des Lebens zu erkennen. Lesen, Begegnungen, Gespräche, Seminare besuchen und so ein- bis zweimal die Woche würde ich mich dann gerne mit Freunden treffen und mit ihnen über ein interessantes Thema diskutieren. Und genau das mache ich mit den Seminaren, die ich gebe, seit langem, wofür ich mich gut bezahlen lasse, damit ich das tue, was ich gerne tue. Sie können das auch.

Also sollten auch Sie sich überlegen, was Sie so gerne tun würden, dass Sie es natürlich auch umsonst tun würden, wenn Sie das Geld nicht bräuchten, weil Sie genug hätten. Wenn ich mich beispielsweise selbstständig mache, muss ich etwas bieten, was es – im Idealfall – nur bei mir gibt. Ich träume daher immer erst ohne jede Begrenzung. Meine Fantasie hat freien Lauf. Ich sage mir also, wenn ich dies oder jenes könnte, das würde natürlich ankommen. Da würde ich in meiner Selbstständigkeit Erfolg haben. Und wenn Sie ein paar solcher Träume haben, dann finden Sie plötzlich einen darunter, den Sie verwirklichen können.

Ich gebe Ihnen wiederum ein Beispiel, damit Sie nicht den Eindruck haben, ich spreche nur über Theorien. Ich habe ein langes Leben hinter mir und, wenn ich will, auch noch ein langes vor mir. Ich habe also viel erfahren im Laufe meines Lebens. Ich habe zum Beispiel einmal, bevor ich Heilpraktiker war, Gruppen geleitet zur Schulleistungssteigerung. Das hat damals den stolzen Preis von zwanzig Mark pro Stunde gekostet. Angefangen hat dies mit zwei Kindern, dann wurden es schließlich fünfzehn bis zwanzig Kinder und es kamen immer mehr dazu, so dass ich eine zweite und dritte Gruppe gründen musste. Da ist ein kleines Wunder geschehen: Ich hatte natürlich eine Methode entwickelt, mit der man wirklich in ein paar Monaten etwas erreichen konnte. Die Eltern waren zufrieden und die Kinder erzielten eine fast unglaubliche Leistungssteigerung, so dass viele Kinder die Gruppe hätten verlassen können. Aber die Kinder waren so begeistert davon, dass sie die Eltern regelrecht gezwungen haben, sie trotzdem weiter in der Gruppe zu belassen. Ich verdiente damals zwischen 300 und 500 Mark pro Stunde, Woche für Woche. Das ging immer so weiter und es gab Tränen, als ich aufhören musste, weil ich einfach keine Zeit mehr dafür hatte.

Finden also auch Sie irgendetwas Besonderes. Das Besondere bei meinen Nachhilfegruppen war, dass wir zeigten, wie man spielerisch seine Intelligenz steigern kann. Wir haben keinerlei Intelligenzübungen gemacht, aber ich hatte zuvor einen winzigen Zeitungsausschnitt gelesen, der mich angesprochen hatte: Ein israelischer Professor hatte damals eine Methode entwickelt, wie Kinder durch spielerische Konzentration ihren Intelligenzquotienten um zehn bis zwölf Prozent steigern konnten, ihre Schulleistungen verbesserten und vieles mehr. Es stand nicht dabei, wie er das gemacht hatte. Also habe ich mir meine Methode selbst ausgedacht und der überragende Erfolg hat mir ja auch Recht gegeben. So habe ich unter anderem auch mit Affirmationen gearbeitet, wie »Lernen macht mir Freude«, »Ich gehe gerne zur Schule«, »Mathematik leuchtet mir ein«, »Latein ist mein Lieblingsfach« und Ähnliches.

Heute gibt es noch immer Schüler, die schlechte Zensuren haben und Nachhilfeunterricht ist noch immer eine Notwendigkeit. Ihre neue Geschäftsidee muss aber eine Methode sein, die über die Sensibilisierung und Konzentration im Spiel zum Erfolg führt, es darf nicht in Lernen ausarten, es muss ein Spiel bleiben. Sie werden staunen, wie Sie auf diese Weise die Leistung der Schüler in nur drei Monaten steigern können.

Dabei habe ich ganz sicher keinen größeren Ideenreichtum als alle anderen Menschen. Ich darf Sie daran erinnern: Im Wahrnehmungszentrum sind wir alle gleich: gleich intelligent, gleich bewusst, gleich allwissend. Sobald ich also mein Wahrnehmungszentrum nach oben verlagert habe, ist das Hindernis Verstand, der abgekapselt ist, weg und ich bin in der Freiheit, wo mir alles einfällt. Hier fällt wortwörtlich alles ein. Das ist ja Teil des allumfassenden Energiefeldes. Ich tauche also gewissermaßen mit meinem Bewusstsein ein in das allumfassende Informationsfeld des Allbewusstseins. Dort fallen mir die Dinge ein. Ich brauche nur dieses Bewusstsein, das Wahrnehmungszentrum auf einen Punkt zu richten, also: Wie mache ich mich selbstständig, was könnte ich in Sprachkursen Besonderes bieten oder Ähnliches. Ich sitze jetzt einmal mit meinem Wahrnehmungszentrum da oben, eine halbe oder eine Stunde lang, und halte mein Bewusstsein auf diese Frage gerichtet. Ich habe einen Block vor mir, besser noch ein Diktiergerät und was mir einfällt, spreche ich sofort auf, damit ich die Wahrnehmung nicht unterbreche. Verkrampfen Sie sich dabei nicht, denn dann sind Sie wieder im Verstand. Oben im Wahrnehmungszentrum ist Weite und alles was hinein fällt, sprechen Sie sofort auf. Länger als eine Stunde brauchen Sie das nicht zu machen. In dieser Zeit haben Sie drei bis vier Einfälle, von denen einer normalerweise nahe liegend zu verwerten ist – falls nicht, setzen Sie sich noch einmal hin. Das tut gut.

Also, gehen Sie raus aus sich und praktizieren Sie die neue Art des Lernens. Nicht mehr lernen, merken, aufschreiben, nacharbeiten, einprägen oder angewöhnen. Das können Sie alles vergessen.

Das brauchen Sie alles nicht mehr, das interessiert Sie nicht. Sie brauchen nur innen drin zu nicken und schon ist es im Bewusstsein. Alles wird sofort Teil Ihres Bewusstseins, wird sofort integriert.

Leben Sie als erwachter Gott

Fangen Sie an zu leben als ein erwachter Gott. Dann sind Sie ein wahrer Lebenskünstler und sind bei sich selbst angekommen, zu sich selbst erwacht.

Wussten Sie übrigens, dass die balinesische Sprache kein Wort mit der Bedeutung »müde« kennt? Die Balinesen kennen nämlich keine Müdigkeit, weil sie es erst gar nicht so weit kommen lassen. Jeder Balinese macht automatisch mehrmals am Tag eine Pause und niemand würde das beanstanden, auch der Chef nicht. Der Balinese geht ein Stück spazieren, er spielt Gitarre oder er singt ein Lied, kurz und gut, er tut etwas Entspannendes – er lebt. Die Arbeit ist integriert in sein Leben und er braucht auch keinen Ausgleich zur Arbeit, weil er einfach die ganze Zeit über stimmt. Aber ich habe, wenn ich mich in Bali befinde, stets den Eindruck, die Balinesen sind ständig mit dem kosmischen Netz verbunden. Jeder Balinese geht auch wenigstens einmal am Tag in den Tempel und bringt den Göttern etwas zu essen und auf jeder Kreuzung gibt es einen Kreuzungsgott. Der sitzt da mitten auf der Kreuzung in einem kleinen Gärtchen, hat auch einen Anzug an und einen Schirm wegen der heißen Sonne. Er ist zwar aus Stein, aber er hat trotzdem seinen Sonnenschirm, damit ihm nicht zu heiß wird. Dreimal am Tag bringen die Balinesen frisches Essen in Blättern zu ihm, während er dort sitzt, die Kreuzung beschützt und aufpasst, damit es zu keinem Unfall kommt. Manchmal stoßen trotzdem zwei Fahrzeuge zusammen, aber dann hat der Gott vielleicht gerade gegessen oder was auch immer. Jedenfalls leben die Balinesen in ständigem Kontakt mit dem Geistigen.

Doch noch intensiver kann man dies bei den Hunzas beobachten, die ein entbehrungsreiches und anstrengendes Leben führen. Wir würden es strapaziös nennen, denn die Felder sind oftmals zwanzig Kilometer von ihren Häusern entfernt, es gibt keine Traktoren, keine Geräte, wie wir sie kennen, alles wird von einem Ort zum anderen geschleppt und die Ernte wird dann wieder zurückgetragen, singend natürlich und leichtfüßig. Je mehr die Hunzas allerdings arbeiten und sich anstrengen müssen, desto größer wird ihre Entspannung, denn das eine hängt vom anderen ab. Je anstrengender etwas ist, desto mehr muss ich in meiner Mitte sein, ruhe in mir und handele dann. Die Hunzas haben eine sehr anstrengende Arbeit, aber sie ruhen in ihrer Mitte und sie gehen dabei in eine solche Entspannung, dass man den Eindruck gewinnt, sie ruhen sich beim Arbeiten geistig aus. Je mehr sie sich also im Außen anstrengen müssen, desto mehr hat man das Gefühl, sie lägen innerlich in einer Hängematte. Sie sind völlig gelöst.

Lassen Sie sich ab sofort nur noch von der Freude führen. Wann immer Sie sich nicht freuen in Ihrem Leben, machen Sie etwas falsch. Schauen Sie hin und fragen Sie sich: »Was mache ich gerade? Bin ich doch wieder ins Arbeiten geraten?« Wann immer Sie sich in Zukunft beim Arbeiten erwischen, lassen Sie es sofort fallen und kommen Sie wieder in das erfüllende Tun. Sie werden keine Fehler mehr dabei machen, Sie werden viel mehr leisten und abends nicht mehr erschöpft sein. Bei all dem werden Sie nicht nur gut bezahlt, sondern auch noch Erfüllung erleben. Vor allen Dingen aber werden Sie sich in sich selbst wohl fühlen und Achtung vor sich selbst haben. Sie werden erkennen: Leben ist Freude.

Sie können sich jetzt gleich dafür entscheiden, dass Sie dieses Bewusstsein einfach beibehalten, weil es Ihnen entspricht. Denn das, was Sie jetzt spüren, ist die Wirklichkeit. So sind Sie gemeint, Sie sind also am Anfang dessen, wie Sie gemeint sind. Sie haben die Illusion verlassen, die Identifikation mit der Illusion und sind eingetreten in die Wirklichkeit Ihres wahren Seins. Das ist Lebenskunst in höchster Form, so sollten Sie leben. Wenn Sie das irgendwann wieder unterbrechen, dann sollten Sie sich, sobald Sie es bemerken, daran erinnern, wieder zu Bewusstsein kommen und sich nie mehr vergessen. So bleiben Sie auch jetzt, während Sie das lesen, in diesem Bewusstsein. Versuchen Sie ab jetzt nie mehr dieses Bewusstsein zu unterbrechen und sich jedes Mal, wenn Sie merken, dass es nachgelassen hat, gleich wieder zu sich selbst zu erheben, zu dem, der Sie wirklich sind. Erinnern Sie sich also immer wieder an sich selbst und hören Sie auf, ein Ich zu sein!

Lebenskünstler zu sein, heißt natürlich letztlich auch, ein spiritueller Lebenskünstler zu sein. Der erste Schritt dahin ist es, meine Alltagspersönlichkeit auszuziehen. Ich muss aufhören, ein Ich zu sein und Eigenschaften, Leidenschaften oder Gefühle wie Eifersucht zu haben. Manche versteigen sich sogar zu der Behauptung, wenn der andere nicht eifersüchtig sei, liebe er einen nicht richtig. Was ich brauche ist vielmehr Stille. Unverplante Zeit, in der ich einfach in mich selbst eintauchen kann, indem ich meine Gedanken anhalte und in die Stille eintrete. In dieser Stille verschwinden Probleme, Wünsche, Ziele und Fragen. Es bleibt nur das »Ich bin«. Das ist Leben im Seelenfrieden und das heißt auch vergangenheitslos leben. Was interessiert mich die Vergangenheit? Die kommt ohnehin nicht mehr wieder. Ob sie schön war oder nicht ist völlig gleichgültig. Ich lebe im Hier und Jetzt und schaue auf das, was vor mir liegt. Aber ich genieße es im Jetzt und lebe in der Selbstidentifikation.

Treten Sie ein in die Leichtigkeit des Seins

Wenn Sie dem Inhalt dieses Buches bis hierher aufmerksam und unvoreingenommen gefolgt sind und auch die verschiedenen Übungen durchgeführt haben, sind Sie unmerklich, Schritt für Schritt, Lebenskünstler geworden und sind eingetreten in die Leichtigkeit des Seins. Sie können es sich noch leichter machen, wenn Sie Ihren eigenen Rhythmus finden. Ich habe zum Beispiel viele Jahre bedauert, dass die Arbeitswelt nicht auf meinen Rhythmus abgestimmt ist. Ich bin ein Morgenmensch. Ich kann morgens früh um fünf Uhr Bäume ausreißen und bin voll da, aber bereits bis zum Frühstück habe ich mein Haupttagwerk getan, sonst wird es nichts Rechtes mehr. Ich kam also ins Büro und musste jetzt erst einmal Telefonate erledigen, die Post durchschauen, die Sekretärin beschäftigen und Arbeitsvorbereitungen durchführen. Bis ich den Kopf frei hatte für Kreatives, war es Nachmittag – nur da bin ich nicht mehr kreativ. Das ging jahrelang so, bis ich irgendwann gelernt habe, dass ich das umkehren muss. Eines Tages schließlich habe ich es begriffen, habe meine Lektion gelernt und habe nachmittags die Arbeitsvorbereitungen durchgeführt für den nächsten Tag, Mitarbeiter beschäftigt, eingeteilt und so weiter. Am nächsten Morgen aber war ich nicht zu erreichen, kein Telefonat, keine Post, da war ich kreativ und befasste mich mit den Dingen, die Bewusstsein erfordern. Erst am Nachmittag hörte ich, wer angerufen hatte, ging die Post durch, unterschrieb Post, kurz und gut, befasste mich mit meinen administrativen Aufgaben, um am nächsten Tag wieder ganz kreativ sein zu können. So habe ich noch viele Jahre mit dem umgekehrten Rhythmus genutzt.

Also prüfen Sie einmal, was Sie für ein Mensch sind: ein Morgen- oder ein Abendmensch oder ein Tagesmensch? Wann haben Sie im Laufe des Tages Ihren Leistungsgipfel erreicht? Prüfen Sie das jetzt gleich einmal, Sie werden sehen, dass auch Sie eine unterschiedliche Leistungskurve haben. Sorgen Sie also dafür, dass Sie Spitzenleistungen nicht in Leistungstälern von sich verlangen, sondern wenn Sie sich auf dem Höhepunkt Ihrer Leistungsfähigkeit befinden.

Es ist übrigens erstaunlich, dass so gut wie immer ein Morgenmensch und ein Abendmensch heiraten, obwohl sie sich ja eigentlich nie begegnen, wenn sie beide wach sind, denn wenn der eine langsam wach wird, fängt der andere schon wieder an zu verwelken. Aus irgendeinem geheimnisvollen Grund sind Paare aber dennoch meist in dieser Konstellation anzutreffen. Betrachten Sie doch einmal Ihre eigene Partnerschaft unter diesem Gesichtspunkt. Wahrscheinlich werden Sie meine Aussage bestätigt finden, denn äußerst selten sind beide Partner in einer Beziehung im gleichen Rhythmus. Also finden Sie Ihren Rhythmus heraus. Stellen Sie keine Regeln auf, sondern spüren Sie nur, wie es stimmen würde. Denn wenn Ihr Rhythmus stimmt, stimmt auch Ihr Leben ein bisschen mehr.

Wenn Sie einen Einfall haben, dann sagen Sie nicht mehr: »Ja, das sollte man tun.«, sondern tun Sie es, folgen Sie Ihrer Intuition. Folgen Sie Ihrem Rhythmus. Ein Zen-Spruch lautet: »Ein Bogen, der ständig gespannt ist, bricht.« Sie brauchen also diesen Rhythmus, diesen Wechsel von Hoch und Tief, von Anspannung und Lösung. Vielleicht prüfen Sie nicht nur, ob Sie Morgen- oder Abendmensch sind, sondern was Sie überhaupt für eine Art Mensch sind. Vor einigen Jahren habe ich einmal eine Klassifizierung kennen gelernt, die mir sofort einleuchtet und sehr gefällt. Ich möchte Sie Ihnen kurz erläutern.

Nach dieser Klassifizierung werden die Menschen in Richtungsmenschen eingeteilt. Demnach gibt es einmal den »Südmenschen«. Mit diesem Begriff verbindet man die Vorstellung von Menschen, die klein sind, gedrungen, schwarz, lebendig, voller Lebenslust, die gerne genießen, sexuell aktiv sind, gerne und gut essen, für die Freuden des Lebens aufgeschlossen sind und generell »Wein, Weib und Gesang« lieben.

Ganz anders der »Nordländer«: Er ist groß, blond und kühl, ein Managertyp, fleißig, diszipliniert, er hat fest umrissene Ziele, die er auch stets erreicht und zudem ist er pünktlich sowie zuverlässig.

Er unterscheidet sich demnach in vielen Punkten vom »Südländer«. Er ist dabei nicht besser und nicht schlechter, aber eben anders.

Dann gibt es den »Ostmenschen«, der in Indien, China und Fernost lebt. Er ist der Weise, der Wissende und kann sich alter Kulturen rühmen, aus denen die Weisheit der Menschheit kommt.

Schließlich sprechen wir noch vom »Westmenschen«. Dieser hat wenig Struktur, er besitzt keine Mitte, findet sich nicht richtig, verliert sich leicht in Oberflächlichkeiten und ist verträumt.

Natürlich gibt es auch Mischtypen wie den »Südostmenschen«, der die Leidenschaftlichkeit und das Temperament des Südländers gepaart mit dem Wissen des »Ostmenschen« in sich trägt und damit wissende Energie besitzt. Zu diesem Typus passen Aktivitäten als Lehrer oder auch als Revolutionär. Ganz anders verhält es sich mit dem »Südwestmenschen«, der zwar immer noch die Lebensfreude des »Südländers« in sich fühlt, aber auch das verträumte Sein des »Westmenschen«. Er ist der Genießer, der in der Hängematte liegt, der über das Leben nachdenkt und es von allen Seiten betrachtet. Wieder anders verhält sich der »Nordostmensch«, der die Zielstrebigkeit und die Dynamik des »Nordmenschen« mit dem Wissen und der Weisheit des »Ostmenschen« vereint; er ist der Erfolgreiche. Schließlich bleibt noch der »Nordwestmensch«. Dieser ist so verträumt und ohne Mitte wie der »Westmensch«, dabei aber zielstrebig wie der »Nordmensch«. Also wird aus ihm der erfolgreiche Autor, der erfolgreiche Musiker oder der erfolgreiche Mystiker, der die Mystik in Zielstrebigkeit umsetzt.

Nun prüfen Sie einmal Ihren Standort. Wo fühlen Sie sich zu Hause? Wo stehen Sie? Stellen Sie fest, wo Sie unterzubringen sind und erkunden Sie, was Ihnen fehlt und das ist dann das, was Sie verwirklichen sollten, um Ihre Mitte zu finden und ins Gleichgewicht zu kommen.

Machen Sie stets einen guten Eindruck

Wenn Sie als Lebenskünstler durchs Leben gehen, dann müssen Sie auch ganz einfache Dinge beachten, zum Beispiel, dass Ihr Gegenüber sich in den ersten sieben Sekunden einer Begegnung einen Eindruck über Sie verschafft – ob es will oder nicht, ob es es bewusst tut oder unbewusst, Ihr Gegenüber hat seinen Eindruck. In der kurzen Zeit von sieben Sekunden hat es Ihr Aussehen, Ihre Stimme, Ihren Geruch, Ihre Kleidung, Ihre Frisur, Ihre Gestik und Ihre Sprache zu einem Eindruck zusammengefasst. Stellen Sie sich einmal vor, Sie begegnen jemandem, auf dessen Meinung Sie großen Wert legen und sind deshalb bestrebt, einen guten Eindruck auf diese Person zu machen. Was machen Sie, wie verhalten Sie sich? Alle Äußerlichkeiten wie gute Kleidung, höfliches Benehmen und so weiter sind sicherlich nützliche Voraussetzungen für einen guten Eindruck, doch wirklich wichtig und von ausschlaggebender Bedeutung ist, dass Sie ihn selbst erreichen.

Das ist eigentlich ganz einfach: Erkennen Sie den schlafenden Gott im anderen und sprechen und verkehren Sie nur mit diesem Gott. Das Außen nehmen Sie zwar höflich zur Kenntnis, aber Sie verkehren von Gott zu Gott, mit seinem wahren Wesen und innerhalb von sieben Sekunden hat der andere den allerbesten Eindruck von Ihnen. Er ist ganz tief in seinem Inneren berührt worden, wo ihn sonst keiner berührt. Sie sind sich begegnet. Ihr Gegenüber weiß natürlich nicht, was geschehen ist, aber die Begegnung verläuft unwahrscheinlich. Der andere wird Ihnen nun entgegenkommen bis an die Grenzen seiner Möglichkeiten, auch wenn Sie einige Zeit früher gar nicht mit ihm klar gekommen sind.

Ich mache immer wieder von neuem die Erfahrung, dass Menschen sagen: »Ich rufe ab und zu mal bei Ihnen an, obwohl ich weiß, dass Sie nicht zu Hause sind, nur um auf Ihrem Anrufbeantworter zu hören, was Sie sagen.« So sollten Sie auch sprechen. Es gehört auch mit zum Erfolg und zum Lebenskünstler, dass Sie subkutan sprechen, sprich: unter die Haut gehend. Sie müssen das Wesen des anderen berühren. Das erreicht man am leichtesten, wenn man jedes Mal, wenn man den Mund aufmacht, Wortgeschenke macht. Alles was Sie sagen, sollte für den anderen somit ein Geschenk sein. Also, zuerst einmal müssen Sie den anderen meinen und dann sollten Sie ihm etwas Hilfreiches sagen. Am schönsten ist es, wenn Sie Ihre Wortgeschenke tatsächlich wie ein Geschenk verpacken. Dann erreichen Sie den anderen ganz sicher, denn dann fühlt er sich angesprochen.

Und Sie sollten noch etwas tun: Ihre Stimme schulen. Ich habe früher sehr lange überlegt, welche Stimme ich gerne hätte. Dann habe ich mir von den bekanntesten Sprechern Kassetten gekauft und habe mir deren Stimmen angehört. Gefallen hat mir zum Beispiel die Stimme von Thorwald Detlefsen, aber sie war mir zu kalt. Da fehlte jedes Gefühl, doch sie war glasklar, drückte Logik aus und die Prägnanz, die geradezu chirurgische Präzision in der Stimme fand ich fantastisch. Also habe ich mir diese Aspekte herausgenommen und in meine Stimme integriert: Das was ich sage, muss Hand und Fuß haben, muss aufgereiht sein wie Perlen an einer Schur und muss auf direktem Weg zum Ziel führen. Von einem anderen Sprecher, Peter Wenzel, habe ich wiederum ganz andere Aspekte abgeschaut; er klang jungenhaft, optimistisch und immer frohgelaunt, egal wann man ihn hörte oder über welches Thema er redete. Er sprach stets freudig und es war deshalb eine Freude, ihm zuzuhören. Aber bei ihm fehlte mir wiederum etwas, nämlich die Tiefe. So habe ich von jedem Sprecher bestimmte, für mich stimmige Eigenschaften übernommen und in mein Bewusstsein integriert.

Den wichtigsten Impuls erhielt ich jedoch erst vor ein paar Jahren in Marokko auf einem Platz voller Gaukler. Ich ging über diesen Platz und sah Schlangenbeschwörer, Händler, die Kräuter anboten und vieles mehr. Aber an einer Stelle bemerkte ich eine besonders große Menschenansammlung und neugierig ging ich hin, um zu sehen, was dort wohl verkauft wurde. Erstaunt erblickte ich aber nur einen Märchenerzähler. Nun hatte ich den Vorteil, dass ich die Sprache nicht verstehen konnte und weil ich dadurch nicht vom sprachlichen Inhalt abgelenkt wurde, habe ich lediglich seine Sprachmelodie wahrgenommen. Seither erleben meine Seminarteilnehmer diesen orientalischen Märchenerzähler, er gehört einfach mit zu meiner Sprechweise. Sie besteht aus der jugendlichen Leichtigkeit von Peter Wenzel, der Präzision von Thorwald Detlefsen und dem märchenhaft-orientalischen, eindringlichen Tonfall dieses Märchenerzählers. So sollten auch Sie als Lebenskünstler sich Ihre Stimme erschaffen, die zu Ihnen passt wie ein Maßanzug. Es hat keinen Sinn, dass Sie sich irgendein Vorbild nehmen und es imitieren, sondern Sie sollten lernen, Sie selbst zu sein. Also, lassen Sie sich anregen von anderen Stimmen, aber imitieren Sie diese nicht.

Das Leben ist ein Spiel

Blicken Sie jetzt einmal auf Ihr Leben als Sie selbst und machen Sie sich bewusst, dass das Leben ein Spiel ist. Welches Spiel spielen Sie selbst dabei? Es gibt eine Reihe von Standardspielen. Ich bringe sie nun in Ihr Bewusstsein, damit Sie prüfen können, ob Sie bei den Standardspielen sind oder ob Sie schon bei den fortgeschrittenen Spielern mitspielen. Das häufigste Spiel ist »Schwein am Futtertrog«. Hier geht es um Bequemlichkeit, Geld, Essen, Besitz, ein größeres Auto als der Nachbar, ein schöneres Haus und generell um mehr haben als die anderen. Hier wirft man sich so richtig rein in die Materie und suhlt sich darin. Dies ist ein sehr weit verbreitetes Spiel und irgendwann spielen wir es alle einmal.

Ein anderes sehr beliebtes Spiel ist »Hahn auf dem Mist«. Hier geht es um Berühmtheit, um das Ego, um zu zeigen »ich bin der Größte und das mache ich mit links, lass' mich mal machen«. Auch dies ist ein sehr häufig vorkommendes Spiel bei den Standardspielern.

Hier nun die Spiele für Fortgeschrittene: Da ist das »Wissenschaftsspiel«, wo es um Wissen geht, denn Wissen ist Macht. Das Ziel ist vorwärts zu kommen sowie die Gesetzmäßigkeiten zu verstehen.

Oder das »Kunstspiel«. Dabei geht es um Ästhetik, um Schönheit, um Lebensqualität und um die schönen Dinge des Lebens. Dieses Spiel sollten wir alle immer wieder einmal spielen.

Schließlich gibt es natürlich ein ganz weit verbreitetes Spiel bei den Fortgeschrittenen, obwohl es meistens noch nicht sehr fortgeschritten gespielt wird, das »Religionsspiel«. Bei diesem Spiel geht es um den Glauben mit dem Ziel der Erlösung. Viele verteidigen ihren Glauben, jeder hat natürlich den einzig richtigen, während alle anderen Ungläubige und arme Irrende sind, die bekehrt werden müssen, damit auch sie gläubig werden und den richtigen Glauben erkennen.

Machen Sie sich einmal bewusst, jede Religion ist wie eine Bergbahn. Sie hat zweifellos Vorteile, ganz gleich welche Religionsgemeinschaft Ihnen entspricht. Sie hat zum Beispiel den Vorteil, Sie in eine Gemeinschaft zu integrieren. Sie holt Sie ab an der Talstation, Sie steigen ein und sie bringt Sie hinauf zur Bergstation. Dort haben Sie eine wunderbare Aussicht von da oben, je nachdem, wie weit Sie schon gefahren sind in Ihrer Religionsgemeinschaft. Aber Sie müssen sich eins bewusst machen: Die Bergstation ist nie auf dem Gipfel, sie befindet sich nur in der Nähe des Gipfels. Wenn Sie wirklich zum Gipfel wollen, müssen Sie aussteigen und allein zu Fuß weitergehen. Dazu müssen Sie die Gemeinschaft verlassen, denn die Gemeinschaft hilft Ihnen nur bis zur Bergstation. Die letzten Schritte zum Gipfel müssen Sie selbst tun. Die meisten vergessen das, bleiben auf der Bergstation, genießen die schöne Aussicht und leben in der Illusion, am Ziel zu sein. »Mein Glaube hat mich zu Gott getragen.«

Dann gibt es schließlich noch das »Meisterspiel«. Hier geht es um Erkenntnis, Weisheit und Erleuchtung. Dieses Spiel braucht keinen Glauben mehr, ich kann es nur spielen als ich selbst und ich muss zu Bewusstsein kommen. Ein Ich kann sich einbilden, dieses Spiel zu spielen, aber es ist in Wirklichkeit nur die Fortsetzung der Illusion. Ein Bewusstsein dagegen erinnert sich an den Meister in sich. Sie müssen selbst entscheiden, welches Spiel Sie spielen wollen. Oftmals spielen wir sogar nicht nur ein Spiel, sondern mehrere Spiele gleichzeitig.

Wenn ich mein Selbstbild optimiert habe, indem ich meine Stimme und mein Bewusstsein ausgerichtet habe, wenn ich also immer zwei Meter groß bleibe und von hier aus wahrnehme und lebe und stimme, dann brauche ich nur noch mein Leben zu führen. Aber um es führen zu können, brauche ich ein Ziel. Also, wohin wollen Sie leben? Sie wollen als Lebenskünstler ja erreichen, dass Sie am Ende sagen können, Sie hätten wirklich gelebt. Was müsste also geschehen, damit Sie das sagen können? Ist es wichtig, dass Sie auf die

Eröffnung soundso vieler Filialen Ihres Geschäftes zurückblicken können? Oder müssen Sie eine bestimmte Menge Geld auf dem Konto haben? Vielleicht ist es für Sie wichtig, außerordentlich beliebt oder berühmt zu sein und Macht zu haben? Was ist Ihnen wichtig? Was ist das Ziel Ihres Lebens? Machen Sie es sich bewusst. Ich habe Ihnen in diesem Buch gezeigt, wie Sie jedes Ziel erreichen können.

TEIL III:

Wegbegleiter

7. Kapitel

Die Gesundheit eines Lebenskünstlers

Gesundheit ist nicht alles – aber ohne Gesundheit ist alles nichts

Ich möchte in diesem Buch nicht allzu ausführlich auf die Gesundheit eingehen, obwohl dieses Thema natürlich auch zu dem des Lebenskünstlers gehört. Doch ich habe mehrere Bücher über Gesundheitsthemen geschrieben und einschlägige Seminare gehalten, die auf Audio- und Videokassetten professionell aufgezeichnet wurden und in dieser Form als Heimseminare erhältlich sind. Deshalb will ich Ihnen im Rahmen dieses Buches nur den einen oder anderen Tipp geben, wie Sie sich gesund erhalten und dadurch Ihr Leben deutlich verlängern können.

Nehmen wir zum Beispiel die Krankheit Osteoporose. Dabei werden die Knochen brüchig und da diese Krankheit überwiegend in fortgeschrittenem Alter auftritt, bezeichnet man sie auch als Alterskrankheit. Tatsächlich aber hat sie mit dem Alter überhaupt nichts zu tun. Sie tritt nur deshalb überwiegend erst im Alter auf, weil man lange genug Raubbau betrieben hat und irgendwann ist es eben zuviel, ich mache nur einen falschen Schritt und breche mir ein Bein oder die Hüfte oder sonst irgendetwas. Dann liege ich, wenn es ganz schlimm ist, jahrelang im Gipsbett, vielleicht bis zu meinem Lebensende.

Wir können aber unseren Körper entsäuern, damit so etwas gar nicht erst passieren kann. Die Entsäuerung dauert zudem nur ein paar Wochen. Ich nehme dazu eine Mischung aus 840 Gramm Natrium bicarbonicum (doppelkohlensaures Natron), 50 Gramm Kalium citricum, 30 Gramm Calcium phosphoricum D12, 50 Gramm Calcium citricum und 30 Gramm Magnesium citricum, zusammen also 1000 Gramm. Sie erhalten das für etwa 25 Euro in jeder Apotheke, doch es muss dort gemischt werden, da es die

Mischung nicht fertig gibt. Sie lösen nun einen gehäuften Teelöffel der Mixtur in einem Liter kohlensäurefreiem Wasser auf und trinken jeden Tag einen Liter. Dann kaufen Sie sich ebenfalls in der Apotheke noch PH-Wert-Kontrollpapier mit beiliegender Farbskala. Ein Stück dieses Papiers halten Sie in den fließenden Urin und vergleichen die Verfärbung mit der Farbskala. Ideal wäre ein Wert von 7,4, also ein leicht basischer Bereich. Wahrscheinlich wird das Ergebnis anfänglich bei 6 liegen, vielleicht sogar bei 5,5. Ein Wert von 4,5 wäre bereits ein kritischer Wert, denn hier ist Rheuma, Gicht und ähnliches vorprogrammiert. Zwanzig Jahre später wissen Sie es dann ganz genau.

Sie müssen sich das so vorstellen: Sie essen ein Steak mit Kräuterbutter, herrlich, schmeckt wunderbar. Aber dieses Steak enthält mindestens fünf Gramm Harnsäure und die essen Sie natürlich mit. Um nur ein Gramm Harnsäure ausscheiden zu können, braucht der Körper sechs bis acht Liter neutrale Flüssigkeit. Und wie viel Liter trinken Sie tatsächlich pro Tag? Insgesamt nehmen Sie vielleicht maximal drei Liter zu sich, wobei in diesem Wert allerdings auch noch Kaffee, Tee, Limonade oder Ähnliches enthalten ist. Also, Sie trinken tatsächlich nur einen Liter neutrale Flüssigkeit am Tag. Der Körper benötigt aber wie gesagt sechs bis acht Liter, um ein Gramm der Harnsäure wieder ausscheiden zu können. Da das Steak fünf Gramm hatte, muss der Körper sehen, wie er mit der überschüssigen Harnsäure verfährt. Was tut er? Nun, er legt sich eine »Sondermülldeponie« im Bindegewebe an. Glauben Sie mir, jeder Einzelne von uns, auch ein schlanker Mensch, trägt mindestens fünf Kilogramm Sondermüll mit sich herum. Wenn der Mensch ein wenig korpulent ist, kann sich dieser Wert auf bis zu 20 Kilogramm erhöhen. Halten Sie sich einmal vor Augen: Das ist soviel wie das Freigepäck, wenn Sie in den Urlaub fliegen.

Diese Sondermülldeponie im Körper sollten wir allmählich auflösen. Das geht nicht von heute auf morgen, aber in sechs bis acht

Wochen sollten Sie es mit Hilfe des von mir empfohlenen Getränkes schaffen. Lassen Sie sich aber bitte nicht davon irritieren, dass der PH-Wert mit Beginn dieser Kur sogar noch steigt. Das ist völlig normal, weil der Körper die Sondermülldeponie nach und nach leert und die angesammelte Säure dem Blut zuführt. Wenn Sie also in den ersten Tagen den Urin messen, werden Sie feststellen, dass der PH-Wert gestiegen ist. Ganz klar. Das kann zwei bis drei Wochen so weitergehen, denn der Körper will das, was er in Jahrzehnten angesammelt hat, neutralisieren. Aber nach spätestens zwei bis drei Monaten haben Sie es geschafft und wenn Sie dann messen, sind Sie im basischen Bereich.

Noch ein Hinweis: Wir sollten nicht ständig im basischen, im idealen Bereich, bleiben, denn wir brauchen auch den sauren Bereich. Trinken Sie deshalb morgens in noch nüchternem Zustand ein Glas Entsäuerungsgemisch und später erst wieder, wenn der Wert deutlich abgesunken ist. Am besten messen Sie den PH-Wert alle zwei Stunden und wenn Sie den Idealwert von 7,4 (ein physiologischer Wert übrigens, der vom Körper selbst, also nicht von der Wissenschaft bestimmt wird) erreicht haben, trinken Sie erst abends wieder ein Glas Ihrer Mischung. Es reicht nämlich völlig, wenn Sie diesen Idealwert einmal am Tag erreichen. Sollten Sie zwischenzeitlich in den sauren Bereich kommen, ist das in Ordnung, da wir den nämlich brauchen, um Bakterien abzuwehren und unser Immunsystem zu aktivieren.

Wenn Sie die tausend Gramm Entsäuerungsgemisch verbraucht haben, sind Sie mit Sicherheit jeden Morgen im idealen Bereich. Sie brauchen danach nur noch ein kleines Gläschen zu trinken und dann zwei bis drei Tage gar nichts, weil eben keine Säuredepots mehr vorhanden sind. Dann haben Sie es geschafft und Sie haben abgenommen, da Sie das, was Sie bisher mit sich herumgeschleppt haben, nicht mehr im Körper tragen. Das bemerken Sie zunächst kaum, denn anfänglich nehmen Sie pro Tag nur zehn bis zwanzig Gramm ab. Aber in ein paar Monaten sind Sie plötzlich um zehn oder noch mehr Kilogramm leichter geworden, je nachdem, ob Sie zuvor schlank oder eher korpulent waren.

Ich möchte Ihnen noch einen weiteren Tipp geben: Viele Menschen verlieren ihre Zähne infolge von Zahnfleischbluten, sie haben Parodontose. Sie können dem durch eine einfache Mundhygiene entgegenwirken, mit einem Mittel, das kaum bekannt ist: Salviathymol. Dies ist eine Mischung aus verschiedenen Ölen, die außerdem Pfefferminze und Thymian enthält. Sie tropfen fünf bis zehn Tropen auf einen Esslöffel mit Wasser, nehmen dann diese Flüssigkeit in den Mund und gurgeln damit zwei Minuten lang, um sie danach durch die Zähne zu ziehen. Wenn Sie das alle zwei bis drei Stunden machen, garantiere ich Ihnen, dass auch hartnäckiges Zahnfleischbluten innerhalb weniger Wochen aufhören wird. Sie haben auch nie mehr Zahnfleischbluten, solange Sie die Prozedur durchführen; sobald Sie allerdings damit aufhören, fängt das Zahnfleisch wieder an zu bluten. Das Mittel heilt also nicht, es beseitigt nur das Symptom, indem es das Zahnfleisch festigt. Wir brauchen dies als Ausgleich für unsere unnatürliche Lebensweise.

Noch ein weiterer Tipp zur Gesundheit: Die Pharmaindustrie hatte bereits vor Jahren angekündigt, dass sie dabei ist, eine Lebensverlängerungspille zu erschaffen. Eine Pille also, die dafür sorgt, dass der Mensch mindestens zehn Jahre länger lebt, als er leben würde ohne diese Pille. Diese Ankündigung erfolgte nicht laut und öffentlich, sondern eher still und zurückhaltend. Aber es gibt diese Pille inzwischen tatsächlich. Sie ist erprobt, zugelassen und seit einigen Jahren erhältlich. Zudem hat sie die Erwartungen der Wissenschaft weit übertroffen. Hochrechnungen aus Tierexperimenten haben nämlich eine Lebenserwartungsverlängerung von mehr als fünfzehn Jahren ergeben. Das wird natürlich nicht propagiert, weil es unwissenschaftlich ist, aber mit an Sicherheit grenzender Wahrscheinlichkeit hat die Pille tatsächlich diese Wirkung, wenn sie regelmäßig eingenommen wird. Diese Pille ist dabei nicht etwa irrsinnig teuer, sondern durchaus erschwinglich. Sie heißt Brench 200 und es gibt sie rezeptfrei in jeder Apotheke. Diese Pille enthält nichts, was jemanden abstoßen könnte, nichts Spektakuläres, sondern ganz normale Bestandteile in einer speziellen Kombination: Guarana, Sahnepulver, Kürbiskernöl, Niacin, Zwiebelöl, L-Tyrosin, Lecithin und Gelee Royal. Mittel aus der Naturheilkunde also, die Sie bejahen können; nur kommen die Ingredienzien hier in einer physiologischen Idealmischung vor, die in der Lage ist, die inneren Abläufe auf Jugendlichkeit umzuprogrammieren.

So erhalten Sie Ihre Traumfigur

Ich möchte Ihnen nun einmal einen gesunden und normalen Weg aufzeigen, wie Sie zu Ihrer Traumfigur kommen und diese halten, ohne sich jemals wieder darum kümmern zu müssen. Die Methode funktioniert ohne jede Diät, es klappt absolut zuverlässig und bei jedem Menschen. Es ist allerdings keine Vorgehensweise, die man mal eben acht Tage durchführt und dann nicht mehr, sondern zeitlebens. Es beginnt morgens, denn jetzt hat der Körper seine Reinigungsphase und sobald wir den ersten Biss ins Brötchen tun, ist diese Reinigungsphase auch schon wieder beendet. Aber sie würde normalerweise bis gegen zwölf Uhr weitergehen, wenn wir nichts essen würden. Fangen Sie also morgens damit an, ein bis zwei Glas zimmerwarmes Wasser zu trinken. Der Körper muss nämlich morgens erst einmal durchgespült werden, vor allem, wenn Sie die Nacht über nichts oder nur wenig getrunken haben. Trinken Sie dieses Wasser, bevor Sie sich waschen, anziehen und frühstücken. Es ist hierbei völlig egal, ob Sie stilles oder kohlensäurehaltiges Wasser trinken. Dann sollten Sie Obst zum Frühstück essen. Prüfen Sie sich ernsthaft, ob Sie nicht eventuell bereit sind, morgens auf alles andere zu verzichten. Mindestens eine Banane sollte aber zu Ihrem Frühstück gehören, besser zwei. Alle Märchen, die Sie über Bananen gehört haben – sie würden dick machen, sie stopfen oder was weiß ich noch –, sollten Sie vergessen. Es stimmt einfach nicht, das Gegenteil ist der Fall. Die Verdauung wird angeregt, denn die Banane hat sehr viele Ballaststoffe und regt so auf angenehme Art, anders als Körner, und ohne dass der Darm gereizt wird, die Verdauung an. Sie könnten sich ein Leben lang fast ausschließlich von Bananen ernähren und Sie hätten alles, was der Körper braucht. In fernöstlichen Ländern wird die Banane nicht umsonst als »Frucht der Weisen« bezeichnet und Sie sollten daher also immer eine Banane in der Tasche haben. (Die Natur hat freundlicherweise dafür gesorgt, dass die Banane hygienisch verpackt angeboten wird. Die Schale ist dick genug, um alles vom Fruchtfleisch der Banane fernzuhalten.) Zudem ist sie überall für wenig Geld erhältlich, unabhängig von einer Saison. Gönnen Sie sich ab und zu als besondere Köstlichkeit eine gebackene Banane, zum Beispiel auch mit gebräunter Butter und Kartoffelpüree dazu. Ein tolles Essen, das gleichermaßen preiswert wie gesund ist, also alles bietet, was man sich wünschen kann.

Später am Tag essen Sie dann eine Rohkostsuppe, wie ich sie nenne. Hierzu kaufen Sie so viele Sorten frisches Gemüse wie Sie bekommen können. Dieses Gemüse pürieren Sie im Mixer, allerdings erst unmittelbar bevor Sie es essen, sonst gehen zu viele Inhaltsstoffe und Vitamine verloren. Dazu kochen Sie eine Brühe aus dem Reformhaus (keine Fleischbrühe), geben vielleicht noch Sellerie und Möhren hinzu und essen das zusammen mit dem pürierten Gemüse. Sie können auch alles in die Brühe geben, dürfen es aber nicht mit dieser kochen. Es bleibt also Rohkost und Sie haben trotzdem eine warme Mahlzeit. Wundern Sie sich allerdings nicht: Zwanzig Minuten später lodern die Flammen in Ihnen. Ihr Stoffwechsel fährt hoch und Ihnen wird warm. Es ist unglaublich, wie das frische Gemüse Ihren Stoffwechsel anregt und da die meisten Gemüsesorten mehr Kalorien bei der Verdauung verbrauchen als sie hergeben, dürfen Sie sich satt essen, denn je mehr Sie essen, desto mehr nehmen Sie ab. Das trifft besonders bei Spargel, Artischocken, roten Rüben, Mangold, Karotten, Sellerie, Broccoli (besonders wichtig!), Grünkohl, Paprikaschoten, Radieschen, Spinat, grünen Bohnen, Kopfsalat, Kohlrabi, Blumenkohl und Gurken zu. Aus all dem lassen sich hervorragende und schmackhafte Salate zubereiten. Dazu empfehle ich Ihnen Löwenzahn. Zuerst ist es vielleicht etwas ungewohnt, aber nach einiger Zeit schmeckt er Ihnen sicher hervorragend. Es gibt ihn lange Zeit, verwenden Sie aber möglichst nur die jüngeren Blätter und nicht die älteren dunkelgrünen. Kaum jemand weiß, dass man auch die gelben Blüten essen kann, sie sind bestens geeignet für Salate. Wenn Sie Ihr Immunsystem aktivieren wollen, verwenden Sie Brunnenkresse oder Kapuzinerkresse. Diese sollten Sie in Ihrem Garten oder auf dem Balkon in Blumenkästen anpflanzen, die Kräuter wuchern wie Unkraut und Sie brauchen sich nie mehr darum zu kümmern. Die Blüten dieser Pflanzen eignen sich als wunderschöne Dekoration für den Salat und sollten unbedingt mitgegessen werden, da sie für Ihr Immunsystem besonders wertvoll sind.

Es gibt natürlich auch Obstsorten, die zehren: Zitrone zum Beispiel. Sie sollten, wenn es Ihr Magen verträgt, sonst mit Wasser verdünnt, wenigstens eine bis vier Zitronen am Tag essen, wobei Sie das Fruchtfleisch mitessen und die Frucht nicht einfach auspressen. Erdbeeren, Himbeeren, Heidelbeeren, Äpfel, Mangos, Papayas, Orangen und Grapefruits gehören ebenfalls zu den »zehrenden« Früchten.

Es fängt also damit an, dass Sie zunächst Ihre Frühstücksgewohnheiten ändern. Aber fangen Sie langsam an, probieren Sie es erst einmal aus. Manche Menschen müssen sich langsam daran gewöhnen und können sich nicht von heute auf morgen umstellen. Bis zum Mittag sollte es dann eigentlich nur Wasser und Obst geben. Eine Stunde nach dem Obst können Sie auch Ihre Tasse Kaffee trinken oder Tee oder was immer wichtig ist für Sie.

Solange Sie noch abnehmen möchten, wäre eine ideale Ernährungsweise, nicht morgens, mittags und abends zu essen, sondern alle 90 Minuten. Das hat einen besonderen Grund: Der Körper verbraucht beim Start des Stoffwechsels sehr viel Energie, genau wie Ihr Auto beim Starten vermehrt Kraftstoff braucht. Jedes Mal, wenn der Stoffwechsel angeworfen wird, benötigt er erst einmal Energie und die muss er ersetzen. Aber weil diese Energie beim Anwerfen des Stoffwechsels noch nicht zur Verfügung steht, ist der Organismus gezwungen, auf die eingelagerten Fettreserven zurückzugreifen. Wenn Sie nun alle 90 Minuten essen, dann muss der Körper alle 90 Minuten den Stoffwechsel anwerfen und verbraucht dabei fortlaufend Energie. Essen Sie dabei noch wenig, weil Sie ja noch gar keinen richtigen Hunger haben, dann nehmen Sie sehr schnell ab, ohne sich darum kümmern zu müssen. Sie halten keine Diät ein, Sie essen soviel Sie wollen und nehmen trotzdem permanent ab.

Wenn Sie all das dann noch mit Bewegung verbinden, kann ich Ihnen eine nennenswerte Gewichtsabnahme garantieren.

Denken Sie in diesem Zusammenhang auch an die Hunzas. Dies ist ein Volk, das Krankheiten nicht kennt. Es gibt in dem tibetischen Hochtal, in dem die Hunzas leben, keinen einzigen Arzt, denn es gibt dort auch keinen einzigen Kranken. Der Hundertjährige arbeitet neben dem Zwanzigjährigen auf dem Feld. Er ist vital und kräftig und wenn er stirbt, dann verlässt er einen gesunden Körper, denn dieser Körper hat Krankheiten nie kennen gelernt. Das wichtigste Geheimnis der Hunzas dabei ist: Sie essen fast ausschließlich angekeimte Körner, denn beim Ankeimen explodieren gewissermaßen die Vitalstoffe, sie werden aktiviert. Wenn Sie Müsli machen, ist nicht soviel im Korn enthalten, wie wenn dieses Korn noch keimfähig wäre. Das Ankeimen verzwanzigfacht die Vitalstoffe im Korn. Wenn Sie also Müsli essen wollen, dann sollten Sie keimfähiges Korn verwenden. Sie werden ein wenig suchen müssen, bis Sie welches bekommen, aber es lohnt sich.

Abnehmen im Schlaf?

Der Traum aller korpulenten Menschen ist es, im Schlaf abzunehmen – und es gelingt tatsächlich, es ist wissenschaftlich erforscht, erprobt und funktioniert zuverlässig. Einzige Voraussetzung: Sie müssen abends, bevor Sie zu Bett gehen, etwas Bestimmtes essen, nämlich einen Happen Eiweiß. Wenn Sie möchten Geflügel, wenn Sie Vegetarier sind Tofu oder was auch immer. Nur eine Kleinigkeit davon mit einer Zitrone genügt. Diese beiden Dinge zusammen aktivieren etwas, das bei den meisten Menschen schon Jahre eingeschlafen ist, nämlich die Wachstumshormone. Diese Hormone sorgen dafür, dass der Fettstoffwechsel wieder so funktioniert wie bei Kindern und Tieren, und das von der ersten Anwendung an. Wenn Sie diese Methode also am Abend anwenden, dann wachen Sie morgens schlanker auf als Sie eingeschlafen sind.

Aber bei all dem dürfen wir zwei Dinge nicht vergessen:

1. Ernähren Sie sich intuitiv, also vergessen Sie alle Regeln und Vorschriften. Spüren Sie, was für Sie stimmt, dann können Sie alle Vorschriften vergessen.

2. Vergessen Sie die geistige Ernährung nicht. Wir sind nämlich zu sehr im Kopf, vielleicht brauchen wir mehr Gefühl. Vielleicht habe ich einen Mangel an Zärtlichkeit oder einen Mangel an Aufmerksamkeit. Denken Sie jetzt nicht: »Stimmt, mein Partner ist viel zu wenig zärtlich, er tut viel zu wenig, der sollte mal ... und so weiter.« Nein, erwarten Sie nicht von anderen etwas, sondern seien Sie zu sich selbst aufmerksamer, zärtlicher oder was auch immer. Verwöhnen Sie sich. Laden Sie sich einmal ein zu einem guten Essen (bei dem Sie die Ernährungsratschläge gerne einmal vergessen dürfen), zu einem entspannenden Bad, zu Düften und Ölen, zu einer Massage oder zu guter Musik. Also, tun Sie sich etwas Gutes, aber erwarten Sie nicht, dass ein anderer das für sie übernimmt. Fragen Sie sich lieber: Warum gebe ich mir denn nicht mehr Zärtlichkeit und mehr Aufmerksamkeit? Welcher Mangel besteht noch in meinem Leben? Wie kann ich den ausgleichen oder beseitigen, ohne

mehr zu essen? Denn oftmals essen wir nur, weil es uns an etwas mangelt, was wir über das Essen zuführen wollen. Doch es ist nicht die Ernährung, uns fehlt vielmehr etwas anderes und das sollten wir erkennen und uns gönnen.

Abnehmen durch Bewusstsein

Probieren Sie es doch auch einmal mit dem Bewusstsein. Gehen Sie ins Bewusstsein, werden Sie zwei Meter groß und seien Sie im Einklang mit sich selbst und der Schöpfung. Sie sind also stimmig und in diesem »Stimmigsein« nehmen Sie geistig ab. Nehmen Sie sich eine Problemzone vor und lassen Sie einfach geschehen, dass Sie jetzt dort abnehmen. Stellen Sie sich vor, Ihr Bewusstsein richtet sich auf die Problemzone und schmilzt dort das Gewicht weg. Fühlen Sie in sich, wie das geschieht und Sie merken, über Ihr Bewusstsein können Sie schlank werden. Sie können zuschauen, wie es geschieht. Das überflüssige Gewicht schmilzt wie Butter auf einer heißen Kartoffel. Sie können das stundenlang und sogar tagelang machen. Imaginieren Sie sich doch so schlank, wie Sie sein möchten und wenn Sie noch eine Hilfe brauchen, atmen Sie mit jedem Atemzug Energie aus und werden Sie schlank durch Atmen. Stellen Sie sich einfach vor, dass Sie mit jedem Atemzug ein Gramm abnehmen und ausscheiden.

Noch eine weitere Empfehlung von mir wird Ihnen gefallen: Machen Sie jeden Tag, sofern sich das mit Ihrer Tätigkeit vereinbaren lässt, einen Mittagsschlaf. Das geht in der Mittagspause auch im Büro, denn inzwischen ist die Nützlichkeit auch wissenschaftlich erwiesen, der Mittagsschlaf ist also nicht mehr bloß als Tätigkeit arbeitsmüder Menschen verschrien. Er hat im Gegenteil viele Vorteile, so vitalisiert er, steigert die Leistung, das Wohlgefühl sowie die Lebensfreude. Er muss dabei nicht lange dauern, zehn Minuten tiefer Schlaf reichen schon aus. Die meisten können das nicht mehr und müssen es erst einmal wieder lernen. Vielleicht legen Sie sich eine Stunde hin und warten, dass Sie endlich zur Ruhe kommen, aber so viel Zeit haben Sie ja gar nicht, dann ist die Mittagspause auch schon wieder vorbei. Doch versuchen Sie Ihren Mittagsschlaf zu halten und Sie werden nie mehr darauf verzichten wollen – am Schreibtisch oder wo immer Sie sind.

Der Weg zur Gesundheit besteht aus vielen kleinen Schritten

Fassen wir einmal zusammen: Der Weg zur Gesundheit und Vitalität ist weit gehend bekannt, aber er hilft mir nur, wenn ich ihn gehe. Er besteht aus vielen kleinen Schritten, wobei mich jeder dem Ziel ein Stück näher bringt. Aber jeder Schritt, den ich nicht tue, trennt mich von meinem Ziel. Es sind im Prinzip zwei Bereiche, die ich beachten muss:

Erstens: Ich muss Falsches loslassen, also prüfen, welche Ernährungsgewohnheiten stimmen nicht; das können zum Beispiel sein: Rauchen, Alkohol, Drogen, colahaltige Getränke, zuckerhaltige Limonaden, mangelnde Bewegung, flache oberflächliche Atmung, aber auch unwesentliche Gespräche, falsche Identifikation, falsche Tätigkeit, der falsche Partner, die falsche Wohnung, unnatürliche Kleidung oder ein falsches Selbstbild. Es gibt also viele Möglichkeiten, die nicht stimmen können. Besonders erwähnen möchte ich den Schlafmangel. Die meisten Menschen haben Schlafmangel, denn sie gehen abends nicht ins Bett, weil sie sagen: »Das soll der Tag heute schon gewesen sein? Ich warte noch immer, dass das Leben endlich losgeht.« Doch auch wenn sie ein paar Stunden länger aufbleiben, sind sie am Morgen nur müde, aber gelebt haben sie immer noch nicht.

Wenn ich einen Großteil der Dinge, die nicht mehr zu meinem Leben gehören, losgelassen habe, dann kann ich mich dem zweiten Bereich zuwenden. Ich kann den Weg fortsetzen, indem ich das Richtige tue, das heißt innehalten, bewusst leben, mich physisch und geistig möglichst rein ernähren, wesentlich werden und keine unwesentlichen Gespräche mehr führen. Wenn ein anderer Sie in ein unwesentliches Gespräch verwickelt, bringen Sie das Thema auf etwas Wesentliches oder beenden Sie das Gespräch. Lassen Sie sich nicht mehr als Abfalleimer benutzen, weil ein anderer seinen Müll in Ihr Bewusstsein schütten will.

Machen wir uns einmal bewusst: Nur drei Prozent aller Menschen sterben an Altersschwäche, 97 Prozent dagegen an unzureichender und unnatürlicher Lebensweise. Oder anders ausgedrückt: an Selbstmord mit Messer und Gabel. Jemand hat es noch kritischer gesagt: 97 Prozent aller Menschen sterben an der einzigen Krankheit, die es gibt: an Dummheit. Ich möchte das etwas abschwächen und sage, sie sterben an Unwissenheit. Denn genau das ist es: Wir wissen zu wenig von uns und gehen daher falsch mit uns um. So werden wir vorzeitig alt, krank und hässlich, was aber nicht sein müsste. Wir sollten es ändern.

Das Wichtigste, um gesund zu sein, ist das Bewusstsein, denn die Ursache für Krankheit überhaupt ist die Identifikation mit dem Körper, dem Denken und dem Fühlen. Wenn ich glaube, ein Körper zu sein, bin ich in der Illusion. Das Ergebnis ist also dieses Ich-Bewusstsein. Ich bin ein Mensch. Ich bin ein Individuum. Ich bin ich. Diese Trennung von der Wirklichkeit, vom höchsten Bewusstsein, hält kein Ich aus, ohne krank zu werden. Solange ich demnach im Ich-Bewusstsein bin, bin ich krank. Auch wenn ich im Moment keine Symptome spüre, bin ich nicht in Harmonie, denn ich befinde mich in der Illusion und nicht in der Wirklichkeit. Erst, wenn ich mich wieder an mich selbst erinnere, kann ich gesund sein, denn das, was die Voraussetzung für den Lebenskünstler ist, ist auch die Voraussetzung für Gesundheit. Lebenskünstler und Gesundheit gehören nun einmal zusammen. Ein Lebenskünstler braucht sich um seine Gesundheit nicht zu kümmern, da er zu Bewusstsein gekommen ist, ist er gesund. So wie der Millionär Geld hat, so ist ein Lebenskünstler gesund, einfach weil er stimmig lebt, weil er im Fluss des Lebens ist und in der Fülle lebt. Der Mensch wird nur krank, wenn er etwas tut, was er eigentlich nicht richtig findet, was er selbst verurteilt, aber trotzdem tut, weil er zum Beispiel Geld verdienen muss oder das Alter absichern will. So haben viele Entschuldigungen, etwas zu tun, mit dem sie eigentlich nicht in Harmonie sind. Der Verstand liefert ihnen Gründe.

Lebenskünstler und Krankheit schließen sich daher gegenseitig aus. Ist Krankheit da, ist kein Lebenskünstler da, denn ein Lebenskünstler kann nicht krank werden. Wird aber ein Lebenskünstler krank, dann hat er aufgehört Lebenskünstler zu sein, er ist wieder im Verstand, er ist in die Auseinandersetzung, in die Enge und in die Disharmonie gegangen und damit ist er nicht mehr Lebenskünstler.

Machen Sie sich jetzt noch einmal resonanzfähig für den Lebenskünstler. Fragen Sie nicht, wie mache ich das? Es ist nämlich ganz egal, wie Sie es machen. Halten Sie einfach nur das Vorhaben, die Absicht im Bewusstsein: »Jetzt mache ich mich beispielsweise resonanzfähig für Gesundheit.« Gehen wir einmal in die einzelnen Aspekte. Also, ich richte es so ein, dass das Energiefeld, das ich bin, im Einklang ist mit Gesundheit. Wenn ich also Gesundheit ins Bewusstsein nehme, bringe ich mich in Einklang mit Gesundheit, bin eine Schwingung mit Gesundheit. In diesem Augenblick sind Sie gesund. Das meine ich mit in Resonanz gehen, in Einklang sein mit einer bestimmten Absicht, in Resonanz mit einem Aspekt der Wirklichkeit. Gesundheit ist folglich ein Ausdruck des Heilseins, ein Teil der Wirklichkeit. Sie können das sogar fühlen. Fühlen Sie sich doch jetzt einmal gesund im wahrsten Sinne des Wortes. Nicht: Ich tue jetzt so, als wäre ich gesund, sondern ich erfülle mich mit dem Gefühl von Gesundheit. Meistens kommt dann ein Atemzug, wenn es durchfließt. Man fühlt im Gemüt Gesundheit. Nicht: Ich fühle mich gesund, das ist etwas anderes. Ich kann Gesundheit fühlen, während mein Knie weh tut und ich fühle trotzdem, wie Gesundheit durch mich hindurchfließt. Nicht: Ich spüre gerade im Moment keinen Schmerz, sondern ich spüre Gesundheit. Das meine ich damit.

8. Kapitel

Die Partnerschaften eines Lebenskünstlers

Eine Partnerschaft lebt vom Wir-Bewusstsein

Machen wir uns einmal bewusst, dass sich unser ganzes Leben um Beziehungen dreht. Wir wachsen im Wesentlichen durch Beziehungen und durch die Liebe lasse ich den anderen mir so nahe kommen, dass er mich berührt, bewegt und vielleicht auch verletzt. Aber gleichzeitig hilft mir mein Partner, die Liebe zu mir zu finden und zu vertiefen, indem er mich mit mir selbst konfrontiert. Erst über eine Beziehung kann ich Verinnerlichung erleben. Ich habe vor kurzem einem jungen Paar, das mit Problemen zu mir kam, gesagt, was ihm fehle, sei nicht mehr Zeit füreinander, sondern ein paar Minuten täglich des Einsseins. Das ist nicht körperlich gemeint, sondern man sollte sich wirklich begegnen. Die meisten Männer sind doch verheiratete Junggesellen. Sie haben nie gelernt, in ein Wir-Bewusstsein zu kommen und bleiben ein Ich, während der andere ein Du ist. Mit dem erlebe ich zwar etwas Schönes und wir haben Spaß miteinander, aber ich bin ich und du bist du. Doch das ist natürlich noch keine Partnerschaft. Partnerschaft ist, wenn aus dem Ich und dem Du, wenigstens ab und zu, ein Wir wird, beide eins sind, ein Bewusstsein und sich ganz tief innen berühren. Obwohl sie nun gleichzeitig ein Wir sind, vergessen sie dabei aber nicht, auch wieder zu ihrem Ich und Du zu werden.

Besonders Frauen, aber auch der eine oder andere Mann, machen hier häufig einen Fehler: Sie geben ihr Ich auf für das Wir. Doch wenn der andere nicht im Wir-Gefühl ist, ist er nicht da und es gibt das Wir schlicht nicht. Aber dadurch gibt es auch »mich« nicht und dann kommt es zu einem Selbstwerteinbruch. In solchen Augenblicken wünscht sie sich, er sollte mehr Zeit für sie haben. Wir müssen also unser Ich nicht im Wir auflösen, sondern das Wir ist ein Stück von mir selbst, doch auch wenn ich dieses Stück verliere, gibt es mich selbst immer noch. Also verlieren Sie sich nicht im Wir, sondern bereichern Sie sich darum. Bleiben Sie auch in einer Beziehung Sie selbst und Sie können nicht unglücklich werden. Das Problem vieler Ehen ist, dass die Frau ihr Ich aufgegeben hat und den ganzen Tag darauf wartet, dass der Mann nach Hause kommt, damit ihr Leben endlich beginnt. Dann kommt er abends müde nach Hause, will sich ausruhen, aber sie will anfangen zu leben. Das geht natürlich nicht gut.

Dabei ist Partnerschaft bereits im Allgemeinen sehr schwierig durch die unterschiedlichen Voraussetzungen. Wir müssen uns einmal anschauen, welche frühen Erfahrungen Kinder machen, um zu erkennen, dass Jungen schon als Kinder ganz andere Erfahrungen machen als Mädchen. Ein Mädchen erlebt als ersten Partner ihren Vater und wenn es eine ganz normale Beziehung ist, dann ist es fast selbstverständlich, dass sie ihn einmal heiraten will. Dieses Mädchen hätte es am liebsten, wenn ihr »Partner Vater« ständig da wäre, aber er geht morgens aus dem Haus, um zu arbeiten und kehrt erst am Abend wieder zurück. Also ist die erste Erfahrung einer jungen Kindfrau, dass der Vater nie Zeit hat, da er ewig weg ist beim Arbeiten. Endlich kommt Vater nach Hause und voller Freude läuft sie ihm entgegen, freut sich und will spielen. Doch Vater ist müde und will seine Ruhe. Sie erlebt jetzt die zweite Frustration: Der Mann ist zwar da, aber nicht zu gebrauchen. Was macht sie also? Sie macht die dritte bittere Erfahrung: Sie lässt ihn in ihren Augen lange genug ausruhen, vielleicht drei Minuten, Kinder haben ja nicht lange Geduld. Dann wird gebettelt, aber er sagt: »Ich will erst noch die Nachrichten anschauen und danach bin ich für dich da.« Na gut, die Nachrichten wartet sie auch noch ab. Schließlich sind die Nachrichten vorbei und er befasst sich endlich mit ihr. Dabei hat sie wieder etwas gelernt: Männer muss man ständig piesacken, man muss sie so lange schubsen, bis sie endlich etwas tun, damit sie zu etwas zu gebrauchen sind. Diese negativen Erfahrungen nimmt sie mit in ihr Leben. Mit dieser Erfahrung geht sie später in ihre Partnerschaft und sie verhält sich ihrem Partner gegenüber genauso, wie sie sich als kleines Mädchen ihrem Papa gegenüber verhalten hat. Denn sie erlebt letzten Endes schließlich auch das Gleiche: Ihr Partner hat keine Zeit oder keine Lust oder sie muss drängeln bis er irgendwann bemerkt, dass er sich einmal seiner Partnerin zuwenden sollte. Eigentlich wollte er ja gar nicht, aber er kann ja nicht immer nein sagen. »Also gut, was ist denn jetzt schon wieder?« »Du wolltest doch mal...« »Was, tanzen? Muss denn das sein? Wir waren doch erst vorigen Monat. Doch nicht jetzt schon wieder!« Folglich geht die Erfahrung, die eine Frau in ihrer Kindheit gemacht hat, uneingeschränkt weiter.

Nun schauen wir uns einmal den Jungen an. Der Junge erlebt Frauen ganz anders. Der Säugling schreit, er fühlt also ein Gefühl. Die Mutter nimmt ihn an die Brust und er trinkt sich satt, bis er so richtig wonnig zufrieden ist und dann rollt er sich einfach auf die andere Seite. Dabei hat er etwas gelernt: Wenn ich zufrieden bin, einfach abrollen. Die Mutter findet das ja toll, wenn ich schon beim Trinken einschlafe. Also, der Junge lernt schon als Säugling, dass die Frau die Quelle aller Wonnen ist. Doch das bleibt natürlich nicht so. Später, beim Fußball, wird seine Mutter ihn vielleicht an seine Hausaufgaben erinnern, die er erledigen soll und seine Antwort, er mache sie später, wird wahrscheinlich zu dem Befehl führen, sich vor dem Spiel zuerst um seine Pflichten zu kümmern. Also lernt er weiter, dass Frauen seine Freiheit beschneiden und fortwährend etwas anderes wollen als er. Seine nächste Erfahrung: Er muss lügen. Blitzartig fällt ihm ein: »Wir haben heute nichts auf.« »Bestimmt?« Und mit dem treuesten Blick sagt er: »Nein.« »Also gut, dann darfst du Fußball spielen gehen.« Daraus schließt er wiederum: Frauen muss man belügen und schon hat man seine Freiheit wieder. All das erlebt er später im Leben genauso wieder, es sind tief sitzende Erfahrungen.

Als junge Erwachsene nun begegnen sich die beiden. Sie erinnert sich, Männer muss man ewig schubsen, sonst sind sie zu nichts zu gebrauchen und er sagt: »Was ist denn jetzt schon wieder? Ich müsste länger arbeiten, ich habe noch einen Auftrag zu erledigen.«

Dabei wollte er nur mal ein bisschen zum Kegeln gehen oder in die Sauna oder sonst irgendetwas. Das bedeutet also, die beiden gehen mit ganz unterschiedlichen Erfahrungen und Erwartungen in eine Partnerschaft und das läuft natürlich von vornherein schief. Dann sagt sie: »Ich kriege wieder meine Migräne. Du verstehst mich nicht.« Doch sie versteht sich ja selbst nicht, denn sie weiß nicht, woran es liegt. Sie sollten also aufhören, diese beiden Rollen zu spielen, stattdessen erwachsen werden und sich darüber aussprechen, was sie beide von der Partnerschaft erwarten. Dann könnten sie nämlich ihre unterschiedlichen, auf kindlichen Erfahrungen beruhenden Auffassungen zumindest zum Teil auf einen Nenner bringen.

Kommunikation in der Partnerschaft

Kommen wir zum nächsten wichtigen Punkt: In den meisten Partnerschaften fehlt es an Kommunikation. Man möchte dem anderen nicht wehtun. Besonders die Sexualität ist problembeladen, denn vielleicht hat er sexuelle Gewohnheiten, die ihr nicht so gefallen und sie verhält sich entsprechend. Wenn er nun deshalb vielleicht verstimmt und sauer ist, dann macht sie trotzdem, gegen ihre Überzeugung und vielleicht sogar widerwillig das, was er von ihr erwartet. Oder aber sie schließen einen Kompromiss und beide bekommen nicht, was sie wollen. Es stimmt also nicht.

Der Schlüssel zur Lösung fast aller Probleme in der Partnerschaft ist deshalb die Kommunikation. »Zeige mir deine Sicht der Dinge. Wie siehst du das Leben? Was sind deine Erwartungen? Wie weit bin ich bereit, diese zu erfüllen? Wie weit kann ich das überhaupt? Wie weit deckt sich das mit meinen Vorstellungen? Denn ich stelle es mir so vor, dass ...«? und so weiter. Oftmals liegen Welten zwischen beiden Auffassungen. Es hilft also nur Kommunikation, um einen für beide begehbaren Weg zu finden. Dafür gibt es aber kein Patentrezept. Jedes Paar muss seinen eigenen Weg finden.

Als Lebenskünstler müssen wir auch mit diesen Bereichen des Lebens umgehen können. Also müssen wir in erster Linie miteinander reden und wir sollten das unsinnige Sprichwort »Reden ist Silber, Schweigen ist Gold« vergessen, denn genau das Gegenteil ist der Fall. Nehmen wir an, er hat auf der Straße einer anderen Frau hinterher gesehen und sie ist nun verärgert. Er muss in solch einer Situation fragen können: »Was hat dich jetzt eigentlich so verletzt, bei dem was ich getan habe?« Bei dem sich aus dieser Frage ergebenden Gespräch enthüllt sich, dass es immer mangelndes Selbstwertgefühl ist, das einen Menschen derart in Rage bringt: »Ich liebe mich nicht wirklich, also brauche ich wenigstens die Liebe des anderen. Und der darf diese Liebe zu mir natürlich keinen Augenblick unterbrechen, denn sonst ist ja keiner mehr da, der mich liebt.

Der andere muss mich also ununterbrochen lieben. Aber wenn ich mich nicht selbst liebe, glaube ich dem anderen gar nicht, dass er mich wirklich liebt. Würde er sich sonst nach anderen Frauen umdrehen?« Was also wirklich fehlt, ist sich selbst zu lieben, denn wenn Sie sich lieben, sind Sie in der Freiheit und Ihre Partnerschaft ist wunderschön. Sie sind glücklich miteinander. Sie verstehen sich.

Natürlich kann das in jedem Augenblick vorbei sein und Lebenskünstler werden selbstverständlich, wenn es zur Trennung oder Scheidung kommt, keine schmutzige Wäsche waschen und übereinander herfallen. Sie bedanken sich vielmehr für die schöne Zeit, die sie miteinander hatten und für die vielen Dinge, die man voneinander gelernt hat. Gerne an den anderen zurückdenken, ihm immer verbunden sein in Liebe – so verhält sich ein Lebenskünstler. Es ist nur zu Ende im Außen, die Liebe ist nicht zu Ende, allein die Form der Partnerschaft hat ein Ende gefunden und sich gewandelt. »Ich werde dich immer achten und lieben und mich freuen, dass ich dir begegnet bin und wir alles das miteinander erlebt haben.« Es ist dann später kein Problem, wenn man sich sieht, man kann sich grüßen, kann sich in den Arm nehmen.

Setzen Sie sich einmal mit Ihrem Partner zusammen und besprechen Sie mit ihm, wie Sie damit umgehen, wenn... Dann werden Sie erkennen, dass er sehr oft überhaupt nicht darüber sprechen will. »Es ist so ein schöner Tag, lass uns jetzt nicht an so etwas Trübes denken.« Es wird unter den Teppich gekehrt. Vielleicht machen Sie noch einen Anlauf: »Aber wir sollten doch vorbereitet sein.« »Ach, das sehen wir ja dann, lassen wir dieses Thema bitte heute.« Bestehen Sie aber darauf, dass Sie miteinander umgehen mit den Dingen, die Leben wirklich ausmachen, damit Sie vorbereitet sind für solche Eventualitäten, auch wenn diese vielleicht noch in weiter Ferne liegen. Wichtig ist, dass Sie wissen, Sie können sich im Ernstfall aufeinander verlassen.

Ist Untreue Betrug am Partner?

Ein großes Problem in vielen Ehen ist die Treue. Aus irgendeinem Grund hat ein Partner seine Partnerin oder umgekehrt »betrogen«, also mit einer anderen Frau bzw. einem anderen Mann geschlafen. Untreue ist noch heute, trotz der Entkrampfung der Sexualität, oftmals ein brisantes Thema. Unsere heutigen Vorstellungen von Treue und Untreue gehen vermutlich auf die alten Germanen zurück. Damals waren Partnerschaften von Mann und Frau Überlebensgemeinschaften – Ehe heißt ja auf Deutsch »Gesetz« – und natürlich wollte kein Mann mit harter Arbeit für Kinder sorgen, die nicht von ihm stammten. Er wollte wenigsten sicher sein, dass er selbst vorher den Spaß gehabt hatte. Aus diesem Grund waren die Germanen ganz rigoros. Wenn sie bemerkten, da haben zwei miteinander geschlafen, die nicht sollten, haben sie die beiden zusammengebunden und bei lebendigem Leibe vergraben.

Irgendetwas ist davon übrig geblieben, da es die meisten Menschen so tragisch nehmen, wenn ein Mann oder eine Frau wirklich einmal sexuelle Freuden woanders genießen möchten als im eigenen Ehebett, denn im Grunde genommen ist es albern, dass man nicht mit einem anderen Partner schlafen soll. Machen wir uns doch einmal bewusst: Die Liebe, bzw. das, was wir dafür halten, hat nun einmal nicht die Eigenschaft, irgendwann bei einem Partner einzurasten und bei ihm zu bleiben. So stellen es sich die meisten Menschen zwar vor und so sagen wir das vor dem Traualtar, aber wir vergewaltigen damit unsere Zukunft, denn die Liebe kommt wie ein Naturereignis und wir haben keinerlei Einfluss auf dieses Gefühl. Liebe muss dort geliebt werden, wo sie auftritt. Ich kann, wenn ich der Liebe begegne, nicht sagen: »Ich bin gebunden. Ich habe eine lebenslange Lizenz mit meiner Frau und darf deshalb nur mit ihr...« Wenn wir das einmal ein bisschen lockerer betrachten, dann könnten wir all die Probleme, die in einer Partnerschaft auftreten, beenden. Ich könnte meinen Partner bzw. meine Partnerin fragen: »Was ist denn eigentlich daran so schlimm, wenn ich wirklich einmal ...?«

Ich finde es natürlich wunderschön, wenn zwei Menschen noch nach Jahren nur miteinander und beieinander sein möchten. Aber wenn das nur bei einem von beiden der Fall ist, während der andere nicht mehr so ganz in der Beziehung lebt oder er liebt seinen Partner zwar noch zum größten Teil, aber doch nicht mehr dauernd, dann beginnt Disharmonie, die eine Entscheidung verlangt, wie Sie damit umgehen. Fakt ist, dass wir Menschen auf Abwechslung eingerichtet sind, sei es hinsichtlich der Ernährung, der Kleidung oder eben bei Partnerschaften. Wir ziehen ganz selbstverständlich jeden Tag andere Kleidung an. Wir wollen ab und zu einmal eine andere Frisur, Frauen auch eine andere Haarfarbe, die Männer mal einen Bart und dann wieder nicht. Wir wechseln ebenfalls ständig unsere Urlaubsgewohnheiten, mal fahren wir in die Berge, dann ans Meer oder wir machen eine Kulturreise. Aber hinsichtlich unserer Partnerschaft, einem der wichtigsten Faktoren in unserem Leben, stellen wir Gesetze auf, die nicht einzuhalten sind. Das kollidiert natürlich mit dem Leben und als Folge davon gibt es immer wieder Tränen: »Ich hätte nie gedacht, dass du mir so etwas antun würdest.« Aber er hat ihr überhaupt nichts angetan, er hat sich lediglich eine Freude gemacht. Das war gar nicht gegen seine Frau gerichtet, die liebt er noch immer.

Was geschieht in einer lebendigen Beziehung, wenn sie oder er sich tatsächlich einmal verliebt in einen oder eine andere? Stellen Sie sich doch einmal vor, Sie gehen durch Ihren Garten und dort sehen Sie eine wunderschöne Blume. Ihr Herz geht auf, denn die Blume ist wirklich unglaublich schön. Dann gehen Sie weiter und sind noch ganz erfüllt und da entdecken Sie noch eine Blume in Ihrem Garten, die noch viel schöner oder genauso schön ist wie die vorherige. Bekommen Sie dann gleich ein schlechtes Gewissen? Natürlich nicht, Sie können zwei oder sieben oder noch mehr Blumen schön finden, genauso Bäume oder Autos oder was auch immer. Nur andere Menschen dürfen Sie nicht schön finden. Und warum nicht? Weil Sie dadurch das Ego des anderen verletzen. Das Ego will Aufmerksamkeit. »Wie kann er woanders hinschauen, wo er doch mich hat!« Die Folgen sind Selbstwerteinbruch, Verletzung usw. Doch das ist oftmals nur eine Kleinigkeit.

Nehmen Sie wieder unser Beispiel von oben. Ein Ehepaar geht an einem schönen warmen Sommertag Hand in Hand spazieren, die Kinder sind auch dabei und alle sind zufrieden und glücklich. Da kommt plötzlich eine andere Frau vorbei und er schaut ihr nur ganz kurz nach. Er hat sich nichts dabei gedacht, er weiß vielleicht nicht einmal, wo er genau hingeschaut hat und zwei Sekunden später hat er diesen Seitenblick auch schon wieder vergessen. Aber sie hat natürlich den Blick bemerkt und rastet jetzt aus und wird sauer. Sie wird hysterisch, aber vor allem »historisch«: »Meine Mutter hat mich ja damals schon vor dir gewarnt. Sie hat gesagt, mit dir würde ich mein blaues Wunder erleben. Hätte ich doch bloß auf meine Mutter gehört.« Und dann packt er auch aus und sagt: »Ich wäre besser beraten, mit unserem Kühlschrank ins Bett zu gehen, da wäre wahrscheinlich mehr los als mit dir.« Da wird dann mal richtig aufgeräumt und wenn sie jetzt nicht zur Vernunft kommen, ist diese Partnerschaft gelaufen. Dabei war überhaupt nichts passiert. Es war kein Problem da, es gab keinen Grund, eine Lösung zu suchen. Er weiß überhaupt nicht, was mit ihr los ist und sie weiß das selbst nicht genau – und weil kein wirkliches Problem da ist, suchen und finden sie natürlich auch keine Lösung.

In der Liebe sind wir also nach wie vor Analphabeten. Wir müssen irgendwann einmal als Götter anfangen, alles in einem neuen Licht zu sehen und miteinander, und das ist das Wichtigste in einer Partnerschaft, also Hand in Hand, unsere Möglichkeiten auszuloten sowie unsere Verhaltensweisen herauszufinden. Wie gehen wir mit den Dingen des Lebens um? Ebenfalls ein immens wichtiges Thema in einer Partnerschaft ist es, Zeit füreinander zu haben. Prüfen Sie einmal, wie das bei Ihnen ist. Haben Sie genug Zeit füreinander? Sprechen Sie wirklich miteinander über alles, was Sie bewegt? Oder gibt es da etwas, was schön wäre, wenn Sie das klären könnten, aber dafür hat er oder sie kein Verständnis? Unternehmen Sie auch häufig etwas miteinander, was beiden Freude macht? Halten Sie also Ihre Beziehung lebendig?

Zusammenbleiben der Kinder wegen?

Was passiert im Fall einer Trennung mit den Kindern? Mit ihnen passiert gar nichts, sie leben weiter. Wo ist denn das Problem? Die Kinder werden doch nicht geschlachtet, nur weil die Eltern sich trennen. Sechs von zehn Kindern leben nicht mehr bei ihren leiblichen Eltern. Eine wissenschaftliche Studie, die in vielen Ländern und über viele Jahre hinweg durchgeführt wurde, besagt: Kinder in einer Partnerschaft, die nicht intakt ist, sind gestört. Aber Kinder in einer geschiedenen Ehe und Kinder in einer intakten Ehe sind in ihren Verhaltensweisen vollkommen gleichwertig, es waren keinerlei Unterschiede zu finden gewesen. Das Schlimmste, was Sie Ihren Kindern antun können, ist zusammenzubleiben der Kinder wegen. Die Kinder sind nämlich mit beiden Elternteilen verbunden, sie lieben beide und wenn sie das weiter können, wenn es kein Hindernis gibt und sie merken, die Eltern leben zwar nicht mehr zusammen, haben jetzt andere Partner, aber sie lieben sich immer noch, dann gibt es keine Störung. Das einzige Problem ist, wie wir mit einer Trennung umgehen. Was wir hier beenden wollen, ist diese egoistische Unzulänglichkeit einer Ehe, indem wir zu Bewusstsein kommen und gegebenenfalls souverän mit einer Trennung umgehen. Dann kann man, wenn die Kinder noch klein sind, entscheiden, was für sie am besten ist und man kann ihnen sagen: »Wenn du größer bist, kannst du frei wählen, bei wem du weiter aufwachsen willst. Du kannst immer zu mir kommen oder zu dem anderen Elternteil. Eines Tages gehst du sowieso aus dem Haus, ob aus dem der Mutter oder dem des Vater spielt dabei keine Rolle.« Kinder haben damit in der Regel kein Problem. Es sei denn, die Eltern machen eines daraus. Doch das sollten wir nicht mehr tun. Wir sollten stattdessen endlich anfangen, erwachsen zu werden. Leider werden die meisten nicht erwachsen, sondern nur alt. Das müssen wir als Lebenskünstler ändern – heute und sofort.

Epilog

Kommen wir zum Schluss: Ich habe Ihnen in diesem Buch Denkanstöße und Bewusstseinsanstöße an die Hand gegeben, nicht mehr und nicht weniger. Ich möchte, dass Sie sich selbst finden und sich selbst erinnern. Sie können nun sagen: »In diesem Punkt gebe ich dem Tepperwein Recht und auch in diesem, aber in jenem Punkt bin ich ganz anderer Meinung.« Okay, ich respektiere Ihre Meinung, denn es ist Ihr gutes Recht, anderer Meinung zu sein als ich.

Wenn Ihnen jedoch irgendetwas, das ich Ihnen in diesem Buch vermittelt habe, zu einfach ist, dann sind Sie im Verstand. Die Wirklichkeit allerdings ist einfach. Wenn Sie in irgendeinem Punkt noch leiden, ganz gleich an was, dann müssen Sie sich die Frage gefallen lassen: »Warum tun Sie das? Warum leiden Sie?« Da werden Sie erkennen: Das Leid ist ein Bote, ein Bote des Schicksals, der Sie auf einen Mangel aufmerksam machen will. Leid zeigt mir nämlich, dass etwas fehlt. Dieser Bote sagt Ihnen auch, was fehlt: »Du fehlst, du bist nicht du selbst, du bildest dir ein, wer zu sein. Aber das ist nicht vollkommen und unter dieser Unvollkommenheit leidest du.« Sie können unter Eifersucht oder Schmerz leiden oder auch darunter, dass Sie Ihr Kind oder Ihren Partner verloren haben. Machen wir uns bewusst, diese Trauer um den Partner – und mit dieser Aussage werde ich jetzt sicher auf Widerspruch stoßen – ist nichts als Egoismus.

Betrachten wir uns zum Schluss noch einmal ein paar Dinge und machen sie uns bewusst.

Erstens: Mein wahres Wesen ist Fülle. Wo immer Sie nicht in der Fülle leben, geschieht ein Fehler und Sie machen etwas falsch, denn es ist etwas da, was diese Fülle verhindert. Umgekehrt gilt: Wenn Sie die Fülle nicht erfolgreich verhindern, ist sie da. Sie brauchen sie nicht zu schaffen, Sie brauchen sie nicht anzuziehen, sich darum zu bemühen oder daran zu arbeiten. Sie brauchen nur aufzuhören, sie zu verhindern.

Zweitens: Alles und jeder ist eine Chance und trägt dazu bei, mich weiterzubringen, wenn ich richtig damit umgehe. Also kann ich mich fragen, wie kann ich die Situation, das Ereignis oder die Begegnung, die ich gerade erlebe, nutzen, um einen Schritt weiterzukommen?

Drittens: Der Grad meines Glaubens bestimmt darüber, was wann und wie in Erscheinung tritt. Sie entscheiden darüber.

Und viertens: Jeder kann jederzeit alles ändern. Wenn Sie wollen, stehen Sie also nun am Anfang eines völlig neuen Lebens. Sie sind der Regisseur, Sie schreiben das Drehbuch, Sie bestimmen den Inhalt, Sie bestimmen, wie es weitergeht und letztendlich bestimmen Sie, wo Sie Ihr neuer Weg hinführt. Wenn Sie das nicht selbst tun, ist niemand da, der das für Sie tut. Jetzt müssen Sie anfangen, Ihr Leben wirklich zu führen. Als Bewusstsein machen Sie sich bewusst, wo es langgeht und führen Ihr Leben in diese neue Richtung. Sie tragen die volle Verantwortung. Sie können nichts den Politikern, der Zeit, der Wirtschaft, dem Partner oder den Eltern in die Schuhe schieben. Sie allein sind verantwortlich, denn Sie können Ihr Leben in jedem Augenblick ändern.

Wachen Sie auf und schaffen Sie sich das Leben, das Sie haben wollen. Sorgen Sie zudem dafür, dass Sie es in jedem Augenblick genießen können.

Ich wünsche Ihnen für Ihr künftiges Leben als Lebenskünstler alles erdenklich Gute und viel Erfolg.

Ihr
Kurt Tepperwein

176 Seiten, broschiert
€ [D] 13,50 / sFr 24,50
ISBN 3-931652-93-9

Kurt Tepperwein

Sei Meister deines Lebens

Ein Übungsbuch

Als Meister unserer mentalen Kräfte können wir unsere Lebenskraft, unser „Chi" gezielt entwickeln und einsetzen. Wir leben nicht mehr als „Ich", sondern als „Selbst" und erkennen, wie wir unser Karma ein für alle Mal auflösen können.
Kurt Tepperwein zeigt uns, wie wir die Techniken des Geistes – von der schöpferischen Imagination über die richtige Aufmerksamkeit bis hin zum Leben in kreativer Gelassenheit – anwenden können, um für unsere Gesundheit, unsere Lebensumstände und unsere materiellen Verhältnisse die positive Grundlage zu schaffen.

168 Seiten, broschiert
€ [D] 13,90 / sFr 25,10
ISBN 3-931652-68-8

Kurt Tepperwein

Erfolg Reich Sein

Die dreißig Schritte in ein erfolgreiches Leben

In klaren Worten zeigt der bekannte Professor den Lesern, wie man sein Leben gestalten kann, um ein auf allen Ebenen erfolgreicher Mensch zu werden. Doch zuerst muss man die Grundsteine für seinen Erfolg selber legen. Wie man dabei vorzugehen hat, zeigt dieses Buch in überzeugender und Erfolg versprechender Art und Weise.

136 Seiten, broschiert
€ [D] 10,90 / sFr 19,70
ISBN 3-931652-19-X

Kurt Tepperwein

Dein Zahlenschlüssel

Der Autor macht uns mit der Essenz des uralten numerologischen Wissens vertraut. Durch einen Zahlenschlüssel erfahren wir Entscheidendes über unsere Fähigkeiten und Eigenschaften, die wir aus früheren Leben mitgebracht haben und über unseren »geheimen Persönlichkeitskern«, den wir normalerweise nicht preisgeben. Wir erkennen den Sinn unseres Lebens und unsere Hauptcharaktereigenschaften. Wir haben die Möglichkeit, durch unseren Zahlenschlüssel unser Schicksal selbst zu gestalten und unsere Lebenssituation aktiv zu verbessern.

Kurt Tepperwein

Hilf Dir selbst, sonst tut es keiner

Was wir für unsere spirituelle und praktische Entwicklung tun können, ist das Thema dieses Buches des bekannten Lehrers für Lebenssinn und -freude. „Wenn Sie heute sterben würden, an was würden Sie noch hängen?" – Eine Frage, die uns bewusst macht, dass wir letzlich alles nur leihweise besitzen, und dass es deshalb umso wichtiger ist, unsere Zeit und Energie den für uns wesentlichen Dingen zu widmen. Mit wunderbaren Meditationen und Praxistests, wie z. B. einer Methode zur Schmerzauflösung, entdecken Sie Wege, die Ihnen helfen können, die eigene Berufung zu finden und somit eins zu werden mit Ihrem wahren Selbst.

144 Seiten, broschiert
€ [D] 13,90 / sFr 25,10
ISBN 3-931652-52-1

Georg Schmertzing

Kraftfeld Herz

Die neue Herz-Kultur

Wir werden als Menschen erst dann eine nächste Bewusstseinsstufe erreichen, wenn wir das Herz als Zentrum des Lebens, des inneren Wissens und intuitiven Erkennens entdecken. Vom Leitorgan Hirn, das vergeblich versucht hat, Verstand und Emotion zu verbinden, heißt es endlich auf die Wesensmitte umzusteigen: Aus dem „Kraftfeld Herz" verbindend zu denken, zu fühlen und zu handeln ergibt jene neue Lebensqualität, nach der wir uns alle sehnen.
Der Autor bündelt Informationen und Fallsbeispiele aus aller Welt zu einem Buch des „neuen Herzens" – für Menschen, die sich für eine neue, befreite Welt entschieden haben.

208 Seiten, gebunden
€ [D] 16,90 / sFr 30,10
ISBN 3-89845-037-6

Mark Smith

Aura-Sehen

Schnell und einfach

In welcher Beziehung steht die Aurafarbe zu Organen, Chakren oder Charakterzügen?
In Ihrer Aura findet Ihre Seele körperlichen Ausdruck. Und Sie können jetzt lernen, sie zu sehen. Es ist simpel und hat nichts Übersinnliches, sondern beruht einfach auf physikalischen Gesetzen und einem normalen Sehvermögen. Lassen Sie sich von Mark Smith vorführen, wie man in nur kürzester Zeit in zehn einfachen Schritten aurasichtig wird!

176 Seiten, broschiert
€ [D] 12,90 / sFr 23,50
ISBN 3-931652-48-3

208 Seiten, broschiert,
€ [D] 14,90 / sFr 26,80
ISBN 3-89845-090-2

Bijan Anjomi

Auf die Plätze, fertig ... reich!

Das 30-Tage-Programm für ein Leben in Fülle

Mit 30 einfachen Lektionen führt Bijan den Leser Schritt für Schritt zu vollkommener Gesundheit, Lebensfreude und unbegrenztem Wohlstand. Im Vertrauen auf unsere Höhere Führung werden sich uns Tag für Tag mehr Wunder in unserem Leben erschließen. Wir lernen, unser Ego und seine Verblendungen abzulegen, ganz im Hier und Jetzt zu leben und das Leben in seiner wahren Schönheit zu genießen. Indem wir unser Herz öffnen, uns mit all unseren Sinnen völlig dem Augenblick hingeben und nach Frieden, Licht und Liebe streben, eröffnet sich uns unser wirklicher innerer Reichtum – und das Füllhorn des Universums wird sich über uns ergießen.

160 Seiten, broschiert
€ [D] 9,90 / sFr 18,10
ISBN 3-89845-054-6

Franziska Krattinger

Erfolgsrezepte

Greife nach den Sternen, wenn du wachsen willst

Menschen leben in ihren Gewohnheiten und sie wiederholen sich ständig. Um seine Gewohnheiten, die allein aus fixiertem Denken entstehen, zu ändern, muss der Mensch zuerst auf andere Gedanken kommen. Denn andere Gedanken bringen neue Vorstellungen und neue Vorstellungen bringen neue Lebenssituationen. Die richtige Einstellung macht jeden Menschen zum Gewinner! Franziska Krattinger hilft den Menschen, auf andere Gedanken zu kommen und so ihr Leben mit wahrer Freude, tiefer Liebe und verstärktem Bewusstsein dauerhaft zu verändern und sich so den Weg durch den Alltag zu erleichtern.

264 Seiten, gebunden
€ [D] 14,90 / sFr 26,80
ISBN 3-89845-058-9

Wladimir Megre

Anastasia – Die Energie des Lebens

Das Wesen eines Menschen besteht aus einer Vielzahl verschiedener Energien. Eine dieser Energien ist die Gedankenkraft – der Ursprung aller Dinge –, die trainiert und gefördert werden muss. Anastasia zeigt in diesem Buch u.a., wie man es schaffen kann, seine Gedankenkraft auf ein höheres Niveau zu heben. Wenn dies allen Menschen gelingt, wird Frieden, Freiheit und Glück für alle möglich. Sie kreiert damit einen Traum, der auch in Deutschland von vielen geträumt wird. Und die Energie unserer Träume ist die stärkste Energie, die es gibt. Es ist die Energie des Lebens.

160 Seiten, gebunden
€ [D] 14,90 / sFr 26,80
ISBN 3-89845-034-1

Squire Rushnell

Wenn Gott zwinkert

Wie die Kraft des Zufalls Dein Leben leitet

Haben Sie sich jemals über Zufälle gewundert? Warum passierte mir das gerade, als ich es so dringend brauchte? Als ob es jemand geplant hätte. Nicht nur Sie stellen sich solche Fragen. Viele haben schon festgestellt, dass es weit mehr seltsame Zufälle im Leben gibt, als man ahnen möchte. Auch der Autor hat eine Menge dieser Gotteswinke erlebt und zeigt, wie der Leser sie leichter entdecken und sein Leben damit bereichern kann. Mit einer Reihe von faszinierenden Wink-Geschichten aus der Welt der so genannten Zufälligkeiten im Leben von Berühmtheiten und Leuten wie du und ich schließt sich der Reigen rund um das von einer höheren Kraft in die Hand genommene Schicksal.

192 Seiten, gebunden
€ [D] 16,90 / sFr 30,10
ISBN 3-89845-010-4

Anneliese Seebacher

Damit die Liebe wieder fließen kann

Neue Harmonie in der Familie

Dies ist ein Buch über die Liebe, über Liebende und Nicht-mehr-lieben-Könnende. Es handelt von der großen Sehnsucht nach Liebe, die wir alle kennen, und den tiefen Schmerzen, die oftmals mit den Erfahrungen von Liebe einhergehen.
Viele Menschen machen die Erfahrung, dass Liebe weh tut. Warum ist das so? Unsere Meisterschaft im Lieben, über die wir von Geburt an verfügen, wird durch unser soziales Umfeld unterbrochen, blockiert und beschnitten. Wie gehen Eltern mit dem Kind um? Was denken sie über die Liebe und wie begegnen sie einander? usw. Diese Prägungen wirken sich auf unser späteres Liebes- und Beziehungsleben aus.

Handbuch 184 Seiten
mit 38 farb. Karten
€ [D] 22,90 / sFr 40,10
ISBN 3-89845-030-9

| Karten-Set mit Buch |

Magda Wimmer

Das Herzenswissen der Maya-Tagehüter

Die universelle Weltordnung und das Webmuster der Zeit

Träumen Sie nicht auch davon, das Mysterium längst vergangener Kulturen zu lüften?
Dieses Set hilft Ihnen spielerisch, den kosmischen Weisheiten und Prophezeiungen der Maya auf die Spur und ihnen somit etwas näher zu kommen. Maya bedeutet dabei „Wissen um den Ursprung der Welt zu haben“, und das Tagehüten ist das Hüten der Sonne und des Wissens um die Quelle, aus der wir alle kommen. Wagen Sie den Sprung auf ein neues Terrain des spirituellen Lernens! Lernen Sie, wieder auf Ihre innere Stimme zu vertrauen, und bekommen Sie dadurch die Sicherheit, die nächsten Schritte zu gehen.